Revue Gestion Juridique des RH

Année 2025

Volume 2

Numéro 10

Directeur de publication
Clotaire MOULOUNGUI

Didactijuris et Clotaire Mouloungui
6, square du capitaine Guynemer
59960 Neuville-en-Ferrain
Didactijuris@yahoo.com

ISSN 3096-8152
ISBN 978-2-487740-32-7

ISSN 3096-8152

Articles de ce volume 2025/2

Plan et pagination des articles

Table des matières

ISSN 3096-8152

Table des matières

LA LÉGITIMITÉ DU MANQUEMENT À L'ASSIDUITÉ

Clotaire MOULOUNGUI
Maître de conférences hors classe à l'ULCO (académie de Lille)
Ancien Chef du Département Gestion des Entreprises et des Administrations
Responsable de la licence professionnelle Métiers de la Gestion et du Social

Résumé : Le défaut d'assiduité ressemble généralement à une faute commise par le travailleur. Mais celui-ci n'est pas forcément blâmable pour son absentéisme. Surtout que ses absences peuvent être imputables à l'employeur lui. Il aura par exemple provoqué une grève en négligeant de remplir ses engagements envers le personnel. Pire, il aura peut-être au travailleur ne pas venir occuper le poste de travail durant un certain temps : suspensions et mises à pied. En vérité, la légitimité des absences reposent également aussi sur des textes prescrivant des repos, des vacances ou des congés.

Mots clefs : Congés obligatoires ; congés facultatifs ; mises à pied ; suspension ; absences ; grève ; employeur fautif.

Summary: Lack of attendance generally resembles a fault committed by the employee. But the employee is not necessarily to blame for his or her absenteeism. Especially since his or her absences may be attributable to the employer. For example, the employer may have provoked a strike by neglecting to fulfill his or her commitments to staff. Worse, the employee may have been prevented from attending the workplace for a certain period of time: suspensions and layoffs. In truth, the legitimacy of absences also rests on texts prescribing rest, vacation, or time off.

Keywords: Mandatory leave; optional leave; layoffs; suspension; absences; strike; employer at fault.

§§§§§§§§§§§§§§§§§

Quelle que soient les motifs faisant que les personnels n'occupent pas momentanément leur poste de travail, il s'ensuit presque toujours un embarras pour l'employeur. L'on songera volontiers ici à un manque à gagner. Or son préjudice pourrait d'abord et surtout être moral, psychologie. Encore que ces qualificatifs soient discutables à propos d'une personne morale, laquelle n'est pas de chair et de sang.

Cela étant, si bien souvent l'employeur est fondé à se plaindre de son sort (constitué par *"l'enfer législatif et administratif français"*) il doit parallèlement s'en prendre à lui-même. Car l'absentéisme qu'il déplore n'est pas forcément celui indépendant de sa volonté (I.). En effet, l'absentéisme peut lui être personnellement imputé (II.).

I. – L'absentéisme indépendant de la volonté de l'employeur

Les lois et règlements excluent que les travailleurs (salariés ou agents publics) soient à la tâche tout le temps. La permanence au travail ne s'envisage donc nullement, même avec des personnels stakhanovistes ou partisans de la servitude volontaire (A.). Les textes prévoient en particulier des cas où les travailleurs obtiendront l'autorisation de s'absenter pendant plus ou moins longtemps (B.).

A. – Les absences imposées par les textes à l'employeur et au personnel

D'après un chansonnier, le travail ce serait la santé, même si ne rien faire se serait la conserver (1). Son public comprenait parfaitement d'une part que le désœuvrement qu'entraîne le chômage affecte la personne, et que, d'autre part trop de travail lui préjudiciera à son tour. Dans l'Union européenne,

1) Il s'agit d'Henri SALVADOR, chantant les paroles de Maurice PON sur sa musique en 1965.

c'est de façon tout à fait exceptionnelle qu'une semaine de travail atteint les 48 heures. De plus, des congés obligatoires sont prévus, de façon à permettre au travailleur de se requinquer. En France, la période annuelle de relâche la plus longue s'étale en partie sur les vacances d'été. Ce sont les congés payés.

Les syndicats ont toujours souhaité un *"trois huit"* différent de celui voulu par les patrons. Pour ces derniers, les machines et autres matériels doivent produire 24 heures sur 24 heures, quitte à faire défiler successivement trois équipes travaillant chacune durant 9 heures. En ce qui les concerne, les syndicats auront rêvé d'une journée subdivisée en : 8 heures de labeur, 8 heures de loisir, et 8 heures de sommeil. C'est un vœu qui aura quasiment été exaucé au sortir de la première guerre mondiale. Cependant, le travailleur libéré du travail obligatoire pour autrui s'astreindra valablement même à des activités harassantes lors de son temps libre. Il devient comme l'entrepreneur individuel, lequel (travaillant pour lui-même), ne lésine guère sur le temps d'efforts.

La Cour de cassation rappelle que : *« eu égard à la finalité qu'assigne aux congés et périodes de repos la directive 2003/88/CE [...], il appartient à l'employeur de prendre les mesures propres à assurer au salarié la possibilité d'exercer effectivement son droit à congé, et, en cas de contestation, de justifier qu'il a accompli à cette fin les diligences qui lui incombent légalement »* (2). Les politiques et les employeurs (surtout) se sont souvent montrés réticents à l'égard de la multiplicité et de la longueur des congés. Même relativement à la femme en grossesse ; autrement dit, « *l'analyse purement*

2) CASS. SOC., 23 octobre 2013, n° de pourvoi : 11-16032, société Pan européenne ; Bulletin 2013, V, n° 247. Il s'agit plus précisément de la directive 2003/88/CE du Parlement européen et du Conseil du 4 novembre 2003, concernant certains aspects de l'aménagement du temps de travail.

comptable passe sous silence les avantages de ces mesures tels que les effets en matière de santé, de fécondité et de réduction de la pauvreté des enfants » (3).

Justement, la CJUE précise les deux raisons d'être du congé de maternité. Premièrement, protéger la condition biologique de la femme au cours de sa grossesse jusqu'à la normalisation de ses fonctions physiologiques et psychiques à la suite de l'accouchement. En second lieu, le congé de maternité vise à préserver les rapports particuliers de la femme et de son nouveau-né. Or le retour au travail trop rapide au travail risque de perturber ces rapports (4).

L'employeur sera condamné pour irrespect des temps de travail. Peu importe que le salarié soit librement (re)venu au travail, et peut-être à son insu. Certes, la spontanéité du salarié pourrait n'être qu'apparente. En voici une illustration : « *quoiqu'autorisée à s'absenter du 28 avril au 3 mai 2004, Mme X... s'était trouvée dans l'impossibilité de prendre le solde de six jours de congés payés non pas en raison d'une renonciation claire et non équivoque pour un motif personnel, mais pour un motif exclusivement imputable à l'employeur qui avait manifesté deux mois auparavant un refus injustifié de lui laisser prendre ses congés et avait opéré une retenue sur son salaire, ayant pour effet que la salariée pouvait légitimement craindre s'exposer à des déboires identiques si elle prenait effectivement ses congés* » (5).

---

3) Maryline BRUGGEMAN, Vers un allongement radical du congé de maternité, Droit de la famille n° 12, Décembre 2010, alerte 84.

4) CJCE, 12 juill. 1984, aff. C-184/83, Hofmann ; CJUE, 4 oct. 2018, aff. C-12/17, Dicu.). Jean-Philippe LHERNOULD, Avantages conventionnels réservés aux mères de famille : retour vers le futur - . - CJUE, 18 nov. 2020, aff. C-463-19, La Semaine Juridique Social n° 50, 15 Décembre 2020, 3106.

5) CASS. SOC., 15 décembre 2010, n° de pourvoi : 08-42290.

Le législateur français (et européen) est conscient de ce que, en matière de santé, notamment, il vaut mieux prévenir que guérir. Dans ces conditions, dit le professeur Gilles HUTEAU, pour l'atteinte d'un tel objectif de prophylaxie, l'assurance maladie devrait « *accompagner davantage l'assuré social dans son parcours d'accès aux soins et à la prévention* » (6). Ce qui est de nature à ensuite diminuer les dépenses de santé (7). On comprend que les salariés les plus éduqués en profitent. Encore qu'ils occupent des postes élevés dans lesquels s'absenter est une faiblesse à éviter. Sauf pour quelques cas.

B. – Les absences exigibles par le travailleur à l'employeur

La loi donne au travailleur la faculté de s'absenter du travail lorsque certains évènements surviennent dans sa vie. Ces évènements sont joyeux ou tristes. Il s'agira pour l'essentiel de *« Congés d'articulation entre la vie professionnelle et la vie personnelle et familiale »* (8). De tels congés constituent une faculté (un droit), mais non pas une obligation.

Les hommes (au contraire des femmes) n'abandonnent pas suffisamment souvent leur activité professionnelle en vue

---

6) Gilles HUTEAU, Vers quel pacte de responsabilité pour l'assuré social ? Gaz. Pal. 23 août 2014, n° 189w5, p. 21/

7) Rova RAMANDRAIVONONA (RAKOTOARSON), *Dépenses de santé et arrêts maladie en France entre 2009 et 2012*, Th. de doctorat en Sciences économiques, Paris 9, 2016. D'après cet auteur, *« des comportements [réguliers] de recours aux soins et des arrêts maladie montre le capital santé comme continuum où sont opérés des investissements ».*

8) Code du travail, articles L3142-1 à L3142-35. Par exemple les congés relatifs aux examens prénataux (et de PMA) ; au congé de maternité ; au congé de paternité ; au congé d'adoption ; au congé parental d'éducation ; au congé d'accompagnement ou d'assistance d'un parent ; au congé pour mariage (personnel ou d'enfant) ; au congé pour décès d'un enfant ou d'un parent.

d'aller tisser et renforcer les liens avec leur nouvel enfant (9). Pourtant le Code du travail proclame que : « *Après la naissance de l'enfant, le père salarié ainsi que, le cas échéant, le conjoint ou concubin salarié de la mère ou la personne salariée liée à elle par un pacte civil de solidarité bénéficient d'un congé de paternité et d'accueil de l'enfant de vingt-cinq jours calendaires ou de trente-deux jours calendaires en cas de naissances multiples* » (10). Le congé aura été rallongé et rendu obligatoire en partie (11). En sus de cette avancée, demeure le congé de naissance (12).

Toujours au profit de sa famille, le travailleur bénéficie d'autres congés. D'abord, le CPE, le congé parental d'éducation. Il s'agit d'arrêt ou de diminuer son activité professionnel pour prendre en charge la garde et l'éveil de son enfant (13). D'un autre côté, et de façon moins planifiée, le travailleur obtiendra une autorisation d'absence pour enfant malade (14). Il n'y a pas à craindre d'abus, puisqu'il le parent perdra alors une portion de son salaire. De plus, lit-on dans le Code du travail,

---

9) Delphine RUDELLI et Lucile UHRING, À l'international, *La Semaine Juridique Social* n° 38, 26 Septembre 2017, act. 257).

10) Code du travail, article 1225-35, alinéa 1. Le texte prévoit, pour un enfant, un congé « *de vingt-cinq jours calendaires ou de trente-deux jours calendaires en cas de naissances multiples* ».

11) Delphine GARDES, La protection de la paternité et le droit du travail : un retard encore important, Droit social 2022. 402.

12) Code du travail, article L3142-1, 3°. Article L3142-4, 3° : « *Trois jours, pour chaque naissance. Cette période de congés commence à courir, au choix du salarié, le jour de la naissance de l'enfant ou le premier jour ouvrable qui suit* ».

13) Code du travail, article L1225-47 à L1225-59.

14) Code du travail, article L1225-61 à L1225-65-2.

le total des absences fondées sur cette excuse ne dépassera que rarement les trois jours (15).

L'un et l'autre congé sont davantage pris par les femmes que par leurs hommes. Encore que, soutient un auteur : *« la relation entre les responsabilités familiales et l'absentéisme [des mères] n'est pas clairement établie »* (16). Il n'empêche que CPE suit souvent immédiatement le congé de maternité. Et si la mère est demeurée en activité, elle pourrait exiger du temps d'allaitement ; une heure par jour.

Toujours en considération du proche malade (handicapé ou dépendant), il y a l'un des trois congés reconnus à l'aidant. En l'occurrence enseigne le professeur Romain MARIÉ, « *La proximité de leur régime juridique plaide incontestablement en faveur de leur fusion pour les convertir en un congé universel* » (17). Il s'ensuivrait logiquement la mise en place d'une « *allocation universelle d'accompagnement* », pense-t-il par ailleurs. Selon lui, l'avantage ne devrait pas être réservé aux seuls travailleurs subordonnés (les salariés et les fonctionnaires). En effet, il conviendrait aussi de se préoccuper des indépendants.

Le professeur Alexis BUGADA en avait dit que : *« Le frein pour accéder à ce congé reste économique. Hormis l'hypothèse de don de jours de repos, le congé proche aidant est un congé*

---

15) La durée « *est portée à cinq jours si l'enfant est âgé de moins d'un an ou si le salarié assume la charge de trois enfants ou plus âgés de moins de seize ans* » (Code du travail, article L1225-61, alinéa 2).

16) Gregor BOUVILLE, Absentéisme et conditions de travail au féminin : Une frontière méconnue au sein des organisations, RIMHE : *Revue Interdisciplinaire Management, Homme & Entreprise* 2014/2 (n° 11), p. 3-22. DOI 10.3917/rimhe.011.0003.

17) Romain MARIÉ, Vers un congé et une prestation universels d'accompagnant ? RDSS 2021. 538.

"sans solde"» (18). Le législateur entend néanmoins se montrer généreux malgré nos finances publiques déplorables.

Outre ces congés liés à la vie familiale, il y a ceux rattachables à la vie personnelle dans un sens très large. Le code du travail parle de « Congés pour engagement associatif, politique ou militant ». Il y a ainsi, en suivant l'ordre du Code : Congé mutualiste de formation (19) ; Congé de participation aux instances d'emploi et de formation professionnelle ou à un jury d'examen (20) ; Congé pour catastrophe naturelle (21) ; Congés de formation de cadres et d'animateurs pour la jeunesse, des responsables associatifs bénévoles, des titulaires de mandats mutualistes autres qu'administrateurs et des membres des conseils citoyens (22) ; Congé de représentation ; Congé de solidarité internationale ; Congé pour acquisition de la nationalité (23) ; Congés des salariés candidats ou élus à un mandat parlementaire ou local (24) ; Réserve opérationnelle et service national (25).

---

18) Alexis BUGADA, La reconnaissance juridique des proches aidants, *La Semaine Juridique Social* n° 48, 4 Décembre 2018, 1387. « *Un salarié, un fonctionnaire qui souhaite assister un proche peut, dès lors que ce dernier est malade, handicapé ou dépendant, solliciter un des trois congés auquel il a le droit. La proximité de leur régime juridique plaide incontestablement en faveur de leur fusion pour les convertir en un congé universel. Les travailleurs, salariés ou indépendants, qui ont cessé ou réduit leur activité professionnelle sont susceptibles de percevoir une des trois prestations qui sont destinées à compenser partiellement la perte de revenus professionnels. Tout comme les différents congés, se pose la question de leur fusion en une allocation universelle d'accompagnant* » (Romain MARIÉ, Vers un congé et une prestation universels d'accompagnant ? RDSS 2021. 538).

19) Code du travail, articles L3142-36 à L3142-41.

20) Code du travail, articles L3142-42 à L3142-47.

21) Code du travail, articles L3142-48 à L3142-53.

22) Code du travail, articles L3142-54 à L3142-59.

23) Code du travail, articles L3142-75 à L3142-78.

24) Code du travail, articles L3142-79 à L3142-88.

25) Code du travail, articles L3142-89 à L3142-101.

Malgré l'existence d'un droit à de pareils congés, le travailleur ne peut brusquement quitter son emploi pour en profiter. Il lui faut s'entendre avec son employeur, lequel accordera conséquemment une autorisation d'absence, ou bien la refusera. Le législateur a souhaité une balance des intérêts en présence. Une balance confiée à l'employeur, mais sous le contrôle du conseil des prud'hommes. Le refus patronal ne sera pas arbitraire et inutilement vexatoire. Il se fondera sur l'intérêt de l'entreprise, un intérêt qui serait compromis en cas d'absence plus ou moins longue du salarié en cause. De fait, les salariés élus comme représentants sont protégés par le délit d'entrave prévu contre l'employeur qui les empêchera de donner sa pleine mesure à leurs mandats.

Ici encore, comme les salariés représentants perdent tout ou partie de leur rémunération mensuelle, ils n'abuseront donc pas de leur droit à l'absentéisme. Cela étant dit, *« l'employeur peut décider de maintenir [sa] rémunération en totalité ou en partie, au-delà de l'indemnité compensatrice [versée par le Trésor public]. Dans ce cas, les sommes versées peuvent faire l'objet d'une déduction fiscale […] »* (26). L'on pourrait penser qu'il pousse alors au vice. C'est l'occasion de s'attirer les bonnes grâces (la reconnaissance) des représentants des salariés. Autrement dit, ce ne sont pas les cas d'absentéisme pour lesquels l'employeur se mordra les doigts.

II. – Le défaut de présence dû à l'employeur lui-même

Lorsque le travailleur n'est pas à son poste de travail, il y a une incidence sur la quantité et la qualité des biens et services. Le simple accueil physique ou téléphonique peut s'en trouver perturber et nuire à l'image de marque de l'entreprise. La diminution du personnel en poste pourrait résulter de l'envoi

26) Code du travail, article L3142-61.

en formation professionnelle. Si après coup l'entreprise y gagnera, en attendant elle souffre de la quête de connaissances et des savoir-faire voulue pour ce personnel. En revanche, deux catégories d'absentéisme ne rapporteront jamais à l'employeur qui en sera la source. D'une part, la grève en conséquence d'un engagement inexécuté (A.) ; d'autre part, la mise à l'écart de personnels, notamment au moyen de la suspension ou de la mise à pied disciplinaire (B.).

A. – La grève pour inexécution de son engagement par l'employeur

La grève consiste pour un groupe d'individus de déserter leur lieu de travail tant que certaines conditions matérielles, financières ou psychologiques n'auront pas été remplies par l'employeur. Les travailleurs français se sont vu reconnaître le droit de grève par le préambule de la Constitution de Quatrième République alors que sous la Troisième c'était un délit. Certes, pendant 20 ans, de 1864 à 1884, l'on sera insensiblement passé « *de la dépénalisation de la grève à la légalisation du fait syndicale* » (27).

Il n'empêche que la grève des fonctionnaires semblent incompatibles avec le principe de continuité du service public et qu'à l'obligation d'obéissance. Alors L'ARRÊT DEHAENE (28). Certes quelques fonctionnaires demeurent privés du droit de grève, notamment les magistrats, les policiers, les militaires, les gardiens de prison. L'exercice du droit de grève est particulièrement dans le secteur privé, alors qu'un préavis est exigé dans le secteur public (29). Tout au moins dans quelques cas.

---

27) https://travail-emploi.gouv.fr/sites/travail-emploi/files/files-spip/pdf/chatefp-cahiern14.pdf.

28) https://www.conseil-etat.fr/decisions-de-justice/jurisprudence/les-grandes-decisions-depuis-1873/conseil-d-etat-7-juillet-1950-dehaene.

29) En quoi consiste le préavis de grève : https://www.service-public.fr/particuliers/vosdroits/F499.

La grève étant licite en France, les grévistes n'ont pas à craindre pour leur emploi : aucune sanction disciplinaire ne pourra leur être appliquée pour avoir cessé le travail (30). Toutefois, comme ils n'auront pas travaillé, l'employeur n'a nullement à les payer. Dans le secteur privé, et s'agissant d'un contrat, l'on dira que l'employeur applique la règle de l'exception d'inexécution ou bien celle du synallagmatisme. Comme les agents du secteur public (surtout les fonctionnaires) sont liés à leur employeur public par un statut, le principe juridique mis en œuvre pour leur refuser la rémunération du jour ou des jours d'arrêt est le principe du service fait ; en l'occurrence il n'aura pas été fait (31).

Cette réaction financière sera jugée comme malvenue (et le salaire dû, par conséquent, si les motifs de la grève sont directement imputables à l'employeur (32). Par exemple, ils n'appliquent pas un accord d'entreprise ou bien une convention collective. Ou bien il s'était engagé à une chose lors d'une précédente grève mais il n'aura pas tenu parole. Non seulement cet employeur devra payer les salaires qu'ils croyaient pouvoir économiser, de plus il aura déjà subi les méfaits de l'absentéisme qu'il aura provoqué. Sa faute est cependant moins nette dans les hypothèses où il aura décidé de l'absence d'un salarié dans le cadre d'une suspension ou d'une mise à pied.

---

30) Dans une affaire, le Conseil d'État a jugé que : « *le simple exercice, par les intéressés, du droit de grève pour la défense de leurs intérêts professionnels, n'était pas de nature à justifier légalement l'application d'une sanction disciplinaire ; qu'aucune disposition législative ou réglementaire ne subordonnait à l'époque, l'usage du droit de grève à un préavis donné au Président de la Chambre de métiers* » (CONSEIL D'ÉTAT, 20 janvier 1967, n° 66321 et 66322).

31) Christophe CANTIÉ, Retenues pour fait de grève : les jours de la jurisprudence Omont sont-ils comptés ? AJFP 2024. 617.

32) Clotaire MOULOUNGUI, thèse précitée.

B. – Les suspensions et mises à pied décidées par l'employeur

Un employeur peut se trouver en peine d'effectuer ses missions traditionnelles à cause d'un sous-effectif passager. Il pourrait résulter de la maladie de travailleurs, de leur perte du droit de travailler (perte de permis de conduire ou d'une habilitation d'accès), de leur exercice du droit de grève ou du droit de retrait, etc. Dans ces divers cas, l'absentéisme survenu sera absolument subi par l'employeur. Sans doute en va-t-il autrement si le sous-effectif déploré découle d'une suspension ou d'une mise à pied.

La suspension est un mécanisme surtout en cours dans les administrations publiques. L'hypothèse est qu'un agent est supposé avoir commis une infraction exigeant son éloignement du service dans lequel il exerce. Cela pourrait en vue de se trouver dans un autre service. Mais en général, cet agent public est invité à rester chez lui durant l'enquête qui peut-être le blanchira. Même lorsque la hiérarchie est certaine que devant la justice pénale l'agent bénéficiera d'un classement sans suite, ou plus tard d'un non-lieu à poursuivre, ou plus tard encore d'une relaxe ou d'un acquittement, il décidera souvent la suspension.

Cette suspension sera exigée par le public, et en particulier par la victime prétendue de l'infraction. Sans doute, la vague d'indignation ou d'effroi retombera-t-elle en conséquence de cette mesure. Néanmoins, deux conséquences insoupçonnées par les demandeurs adviendront. D'une part, le service public, déjà en sous-effectif, sera retrouvera avec encore moins d'agents. D'autre part, comme l'intéressé n'aura pas encore été condamné, la présomption d'innocence invitera à lui conserver sa rémunération mensuelle. En d'autres termes, le fonctionnaire suspendu est alors payé à ne rien faire. Certes, l'on reproche régulièrement aux fonctionnaires de se tourner les pouces et de ne donc pas mériter leur traitement. Mais là, c'est le comble…

Dans le secteur privé, l'absence du salarié à son poste de travail découlera parfois d'une sanction disciplinaire dénommée la mise à pied. Il se trouvera que le travailleur qui aura été entendu pour faire valoir sa défense apparaitra comme méritant une sanction. Celle-ci sera éventuellement un ou plusieurs jours pendant lesquels ne pas venir au travail. Qui de l'employeur ou du salarié sera-t-il le plus embarrassé ? Rappelons que faute d'avoir accompli ses tâches contractuelles (ou statutaires) du fait de cette exclusion du service (comme l'on dit dans l'Administration), nul revenu ne lui sera dû durant le temps d'absence.

Pour sourire, indiquons que l'école réagit parfois à l'absentéisme scolaire au moyen d'une exclusion temporaire. La logique de la sanction doit alors être interrogée. En effet, s'agit-il de récompenser l'élève absentéiste ? Ou bien se pourrait-il que l'école s'imagine pouvoir soigner le mal par le mal, l'absence volontaire par l'absence forcée ? Plus généralement, pour le monde du travail cette fois, il semble que les réactions suscitées chez l'employeur ne soient pas forcément les plus appropriées possibles.

LES GAINS FAVORISÉS PAR L'ANCIENNETÉ DANS L'EMPLOI

Clotaire MOULOUNGUI
Maître de conférences hors classe à l'ULCO (académie de Lille)
Ancien Chef du Département Gestion des Entreprises et des Administrations
Responsable de la licence professionnelle Métiers de la Gestion et du Social

Résumé : L'ancienneté est le fondement d'un meilleur traitement patrimonial ou extrapatrimonial en faveur du travailleur concerné. Des interrogations s'élèvent néanmoins quant aux manifestations de ce meilleur traitement. Il peut certes s'agir de cadeaux pour les bons et loyaux services d'autrefois, les IJSS, les indemnités de départ définitif, etc.

Mots clefs : Ancienneté ; bons et loyaux services ; cadeaux ; IJSS ; épargne salariale ; indemnités de départ.

Seniority is the basis for better financial or non-financial treatment for the employee concerned. However, questions arise regarding the manifestations of this better treatment. It may certainly involve gifts for good and loyal service in the past, daily sickness benefits, definitive severance pay, etc. Seniority; good and loyal service; gifts; daily sickness benefits; employee savings; severance pay.

Keywords: Seniority; good and loyal service; gifts; IJSS; employee savings; severance pay.

§§§§§§§§§§§§§§§§§

1. – La considération de l'ancienneté ou du temps de présence.

Deux salariés qui ont œuvré dans une entreprise depuis une semaine ont-il la même ancienneté, sachant que l'un aura travaillé 35 heures, et l'autre 40 heures ? Oui, ils ont la même ancienneté au sein de cette entreprise, quoique leur temps de travail doit différent (33). Dès lors qu'il s'agit d'un décompte de date à date, les salariés à temps partiel équivalent en définitive à leurs collègues travaillant à temps plein.

Comme l'indique Brigitte Reynès : « *l'ancienneté entendue comme une appartenance du salarié à l'entreprise appréciée dans le cadre du contrat de travail procède de l'idée de continuité juridique de la relation de travail intégrant les durées de suspension du contrat. Cette conception d'une ancienneté centrée sur l'ancienneté dans le contrat et non sur une durée de travail, au sens quantité de travail, conjuguée à un principe d'égalité de traitement conduit à un décompte de l'ancienneté identique pour les salariés à temps partiel - ou intermittent - et à temps complet. De même la modification du mode d'organisation du temps qui s'inscrit dans la continuité de la relation contractuelle dans l'entreprise ne fait pas perdre au salarié le bénéfice de l'ancienneté acquise* » (34).

L'article 17 de la loi n° 2005-1579 du 19 décembre 2005 écarte les versements de l'assiette des cotisations sociales, lorsqu'ils ont été effectués à certains titres, en particulier celui « *de l'ancienneté ou de la durée de présence dans l'entreprise du salarié* ». Plus précisément, dit la loi, le versement aura été fait « *déduction faite des absences non assimilées à du travail effectif* ».

---

33) François Dumont, L'ancienneté : un critère à géométrie variable, La Semaine Juridique Social n° 26, 26 Juin 2007, 1487.

34) Brigitte Reynès, L'ancienneté en droit du travail, quelles perspectives ?, RDT 2007. 702.

Les deux notions portent certainement sur des réalités différentes ; malgré une part de chevauchement réciproque. Comment les distinguer ? Grâce à un litige dont l'origine aura été un contrôle de l'application de la législation sociale.

À l'issue dudit contrôle, l'URSSAF de la Loire avait notifié un redressement à la société Valentin traiteur (lettre d'observations du 5 septembre 2009). Il s'agissait alors de réintégrer un bonus exceptionnel dans l'assiette des cotisations sociales. Un bonus distribué à l'ensemble des salariés, pendant le premier semestre de l'année 2006.

Cet employeur contesta la mesure. Aux fins de son annulation, il saisit le tribunal des affaires de sécurité sociale (dont on ignore le sens de la décision). En tout cas, la cour d'appel (15 janvier 2013) lui donna tort. Le motif est que l'article 17 de la loi du 19 décembre 2005 doit « s'entendre de l'ancienneté, déduction faite des périodes de suspension du contrat de travail et doit s'apprécier dans sa globalité et sans référence à une période déterminée ».

La Cour de cassation a censuré cette interprétation. La raison est que ces « *motifs étaient insuffisants à caractériser le critère de la durée de présence prévu par le texte susvisé, distinct de celui de l'ancienneté, en tenant compte des dispositions conventionnelles applicables au sein de la société* » (35).

La Cour de cassation a félicité de juges du fond pour « *avoir exactement relevé que le critère de la durée de présence dans l'entreprise est nécessairement différent de celui de l'ancienneté* ». Dans le même arrêt, il aura été précisé que si un texte fait état de l'un et l'autre critère, les juges seraient fondés à considérer que « *la durée de présence dans l'entreprise des salariés prévu par le texte pouvait s'apprécier*

35) Cass. Civ. 2, 3 avril 2014, n° de pourvoi: 13-14105, Bull. 2014, II, n° 84, ECLI:FR:CCASS:2014:C200582.

au regard de leur temps de travail complet ou partiel » (36). En tout état de cause, l'employeur saura se souvenir et récompenser peut-être la fidélité de son travailleur.

2. – Les cadeaux parfois rétroactifs pour bons et loyaux services

Les défenseurs des travailleurs (militants socialistes, communistes et autres) se figurent volontiers que le patron est un farouche partisan de l'exploitation de l'homme par l'homme. Et, il rejetterait ou jetterait le pauvre bougre une fois qu'il en aurait retiré le meilleur (37). À cet égard, selon Jean-Jacques Dupeyroux, « *au départ – lois de 1928-30, ordonnance de 1945... – l'assurance vieillesse a trouvé sa justification dans une assimilation au moins tacite de la vieillesse à l'invalidité : l'ouvrier qui atteignait 60 ans était présumé inapte à continuer de travailler* » (38).

---

36) Cass. Civ. 2., 20 septembre 2012, N° de pourvoi : 11-22.137, URSSAF de la Savoie, Bulletin 2012, II, n° 146. En l'espèce, un bonus exceptionnel était versé aux salariés. L'employeur n'avait pas à cotiser dans ce cas, disait l'article 17 de la loi n° 2005-1579 du 19 décembre 2005. Il suffisait que la gratification profitât à l'ensemble des salariés, et fut éventuellement modulée entre eux en fonction du salaire, de la qualification, du niveau de classification, de l'ancienneté ou de la durée de présence dans l'entreprise. L'employeur était-il en droit de distinguer par ailleurs entre les salariés à temps plein et les salariés à temps partiel ? Il est entendu que dans l'affaire, ces derniers n'avaient perçu le bonus qu'au prorata de leur durée au travail. Contrairement aux prétentions de l'URSSAF, la cour d'appel (Chambéry, du 31 mai 2011) et la Cour de cassation ont admis la distinction (la discrimination).

37) Quand la parole est donnée aux ouvriers, à l'occasion des restructurations à cause desquelles ils deviennent chômeurs, ils ne manquent pas de regretter leur jeunesse et leurs belles années, consacrées à l'ingrate entreprise. Selon toute apparence, le contrat de travail est la seule relation synallagmatique dans laquelle l'un des partenaires attend remerciements et reconnaissances, outre la contrepartie patrimoniale convenue.

38) Jean-Jacques Dupeyroux, Le temps qui reste, Droit social 2011. 239.

En vérité, le patron peut être de bonne composition. On sait qu'au 19ème siècle, avec l'abolition tant de la servitude, que des engagements perpétuels et des corporations, puis avec l'institution de la liberté du commerce et de l'industrie, le travailleur pouvait désormais exercer l'activité de son choix. Éventuellement, en passant d'un employeur à l'autre. Cependant, en Allemagne, la relation de travail était demeurée emprunte de vassalité : le contrat correspondant conférait au travailleur un certain statut social (39).

Un statut qui devait survivre à un probable transfert de l'entreprise à de nouveaux "propriétaires". Sous la pression des parlementaires de l'actuel Grand Est (familiers de ce procédé germanique), le législateur l'acclimata en France ; au moyen de la loi du 19 juillet 1928 sur les licenciements (40). Ce fut alors une entorse à l'effet relatif des conventions.

Classiquement, en vertu de ce principe, les conséquences positives ou négatives d'un contrat ne doivent ni profiter, ni préjudicier

---

39) Le lecteur songera ici au sac-à-dos social si souvent souhaité par la CFDT. Apparemment, *« la notion d'ancienneté dans la profession, parfois prise en compte dans la loi ou les conventions collectives »* (Brigitte Reynès, L'ancienneté en droit du travail, quelles perspectives ?, RDT 2007. 702). Hugues Kenfack, Droit des transports, D. 2018. 1412 : *« le projet de loi tente de rassurer les cheminots en leur conférant certaines "garanties" appelées "sac –à-dos social". Elles visent notamment à rassurer les cheminots transférés de la SNCF (priorité est donnée au volontariat) à une autre entreprise ferroviaire, en cas, par exemple, de perte de contrat par l'opérateur historique. En outre, le maintien du niveau de rémunération au moment du transfert devrait être assuré, tout comme le régime spécial de retraite et la garantie de l'emploi pour tous ceux qui ont été embauchés au statut ancien. Aucune limite de durée n'est prévue. Seront aussi maintenus les « avantages » accordés par l'ancienne SNCF, par exemple les facilités de circulation. Ces mesures peinent à convaincre les principaux concernés »*.

40) Antoine Mazeaud, Répertoire de droit du travail, Transferts d'entreprise : aspects individuels, Octobre 2010 (actualisation : Avril 2021), n° 7. L'auteur renvoie à la proposition de Guy de Wendel, maître de forges, et député de la Moselle.

aux tiers (étrangers ou véritables). Il n'empêche que grâce à une pareille exception à la pureté des principes juridiques, le salarié bénéficiait alors du maintien dans l'emploi (41).

En fait, déjà auparavant, probablement dans un élan paternaliste, certains employeurs se préoccupaient de la survie du vieux travailleur désormais dans l'impossibilité de monnayer sa force de travail, puisque celle-ci sera devenue faiblesse au travail. Ils pouvaient ainsi le gratifier d'un lopin de terre, d'une rente viagère ou d'un pécule. La démarche n'est pas toujours altruiste.

Par exemple, l'armée avait plutôt prévu le pécule pour encourager ses militaires à regagner anticipativement la vie civile. Ce « *pécule d'incitation au départ anticipé* » était accordé en fonction des besoins en effectifs ; effectifs restreints par une loi de programmation militaire (post-guerre froide) (42).

---

41) Vu que, comme aujourd'hui, il n'était pas facile de trouver le bon ouvrier pour un poste donné, l'employeur était heureux de trouver du personnel compétent dans l'outil de production acquis. Cette seconde justification de la possibilité du transfert des contrats de travail pourrait avoir davantage mu le député capitaliste auteur de la proposition de loi. Le transfert qui se ferait dans l'intérêt du travailleur consistera à tenir compte de son expérience professionnelle d'entreprise en entreprise. En vérité, dit Brigitte REYNÈS « *bien qu'elle s'affirme comme une voie souhaitable d'évolution, la transférabilité des droits associés au contrat de travail se heurte à de puissants obstacles* » (L'ancienneté en droit du travail, quelles perspectives ?, RDT 2007. 702). Certes, ajoute-t-elle, l'on peut comprendre la volonté de certains de promouvoir « *une reconfiguration de la notion et le redéploiement de certains droits et protections autour de l'ancienneté dans la profession ou le travail, au delà des formes d'emploi ou des employeurs successifs* ».

42) Il fut institué par la loi n° 96-1111 du 19 décembre 1996 en faveur du personnel militaire. Son octroi dépendait surtout de la durée d'années de services. On se souviendra que quelque temps auparavant, les employeurs étaient subventionnés par les finances publiques pour offrir des préretraites à des salariés vieillissants.

S'en remettre exclusivement à la bienfaisance d'un des deux cocontractants (l'employeur) a fini par sembler insatisfaisant (43). Par conséquent, les éventuels dispositifs sociaux créés par les employeurs (les régimes employeurs), ont été repris à leur compte par des organismes chargés de missions d'intérêt général (44).

Si bien que les employés s'engagent nettement moins dans la fidélisation du personnel, au moyen de mesures de protection sociale. Pourquoi, Parce qu'il y a un coût toujours croissant, du fait à la fois du vieillissement des salariés (plus fragiles et plus souvent malades) et du renchérissement des traitements médicaux. Les autres avantages sociaux offerts par les employeurs ne peuvent être décemment mis en avant.

Au fond, il apparaîtrait malencontreux, et en tous cas sans pouvoir de conviction, de préciser au jeune travailleur qu'en cas d'invalidité qui le clouerait dans un fauteuil roulant, ce fauteuil lui serait offert, de même que les aménagements désormais indispensables dans son logement. D'un autre côté, l'employeur n'espère pas non plus attirer des candidats en insistant sur le fait que, dans l'hypothèse du décès du salarié, un capital serait remis à ses enfants devenus orphelins et à son conjoint survivant (un veuf ou une veuve).

---

43) Comme dit le professeur italien Adalberto Perulli, « *dans la relation de travail, pour éviter que la domination ne soit l'expression d'un pur arbitraire dans l'exercice du pouvoir, on ne peut pas tout miser sur l'indulgence ou la bienveillance de l'employeur* » (Variations sur la liberté au cœur du droit du travail, Rev. trav. 2020. 735). Au fond, avait déjà dit le genevois et ermenonvillois Jean-Jacques Rousseau, « *dans la relation entre l'homme et l'homme, le pire qui puisse arriver à l'un est de se voir à la discrétion de l'autre* » (Discours sur l'origine de l'inégalité, OC, t. III, p. 181). Sans doute cette citation est-elle apocryphe ; car notre recherche dans la source prétendue aura été vaine. Elle n'en demeure pas moins vraisemblable et pénétrante.

44) Philippe Martin, Épargne salariale et retraite : les avatars de la protection sociale d'entreprise en Europe, Droit social 2003. 202.

Au fond, pense Étienne MARIE, « *les entreprises et les administrations ont suffisamment d'autres moyens et sans doute beaucoup mieux calibrés pour s'attacher le personnel dont elles ont besoin que ceux de protection sociale* » (45).

Il est vrai que l'investissement dans des machines ne se révèlera parfaitement rentable que si ces machines sont perpétuellement en marche. La disponibilité tout aussi permanente du salarié en devient dès lors l'une des conditions. Les syndicats et les partis de gauche y reviennent régulièrement pour montrer l'importance économique des travailleurs. Certes, le salarié ancien au travail est non seulement déjà opérationnel, mais en plus, il préserve l'employeur de la perte de temps et d'argent due à la sélection puis à la formation de recrues (46).

À cet égard, selon Guylaine Vallée, « *l'ancienneté du salarié est une notion individualiste fondée sur l'appartenance à l'entreprise ou sur l'existence d'un lien contractuel avec l'employeur* » (47). À rebours de l'histoire, les gens de droite (en général proches du patronat) pointent le paradoxe faisant que les gens de gauche semblent considérer les travailleurs comme des grands enfants à prendre par la main (48).

---

45) Étienne Marie, Fidélité à l'entreprise et protection sociale, Droit social 1991 p.405.

46) Jean Savatier, Répertoire de droit du travail, Ancienneté dans l'entreprise, janvier 2007, n° 6.

47) Guylaine Vallée, La nature juridique de l'ancienneté en droit du travail : une comparaison des droits québécois et français, Relations industrielles / Industrial Relations, Volume 50, Numéro 2, 1995, p. 259–296.

48) Au fond, « *peut-on être en même temps socialiste et paternaliste ? Logiquement, une réponse négative devrait s'imposer. Les socialistes visent à libérer les ouvriers de la tutelle patronale alors que les paternalistes soumettent les ouvriers à l'autorité bienveillante de leur "patron"* » (Christophe RADÉ et Sébastien TOURNAUX, Retour sur le "phénomène" Magnaud et l'influence d'un magistrat hors norme sur l'évolution du droit du travail, Droit social 2015. 596).

En tous cas, le célèbre juge Magnaud pensait être « *du devoir des patrons de protéger leurs ouvriers même contre leur propre imprudence* ». Lui-même croyait les protéger en leur refusant des dommages-intérêts sous forme de capital, lorsqu'ils étaient victimes d'un accident au travail. Autrement dit, leur indemnisation avait plutôt lieu sous forme de rente. Selon les professeurs Christophe Radé et Sébastien Tournaux, peut-être Magnaud redoutait-il, « *à l'instar de Villermé ou de Zola, que l'ouvrier ne "boive" tout son capital avant de sombrer dans la misère* » (49).

Pourtant, les principes du Code civil de 1804, alors applicable aux atteintes corporelles subies au travail, penchaient pour un versement unique. Ce n'est qu'ensuite que le législateur du 9 avril 1898 aura institué l'indemnisation obligatoire de telles victimes, et aura opté pour la rente progressive contre le capital immédiat.

Les avantages liés au temps passé chez un employeur public courent même lorsque l'agent a bénéficié d'une mise en disponibilité. Cela paraît injuste par rapport à ceux qui sont vraiment restés fidèles à leur employeur (50). D'autant plus que « *l'écoulement du temps n'est pas nécessairement un critère pertinent pour apprécier l'activité du salarié. Si l'ancienneté peut assurément récompenser la stabilité et la*

---

49) Idem.

50) Selon une légende urbaine, des infirmières hospitalières se mettraient en disponibilité en vue d'une activité mieux rémunérée dans le secteur privé. Puis, au moment de faire un enfant, elles demandent leur réintégration à l'hôpital public, où elles se retrouveraient presque aussitôt en arrêt maladie. Celui-ci étant le prélude à un congé de maternité, ensuite suivie d'une position de disponibilité. Le même manège se renouvelant au fil des projets d'enfantement. Si cela est vrai, les gestionnaires hospitaliers des ressources humaines peuvent difficilement planifier ces ressources même à cour terme.

fidélité à l'entreprise, elle est, de manière intrinsèque, dépourvue de valeur qualitative » (51).

3. – Les versements subordonnés à une certaine ancienneté

« *L'ancienneté revêt le caractère de ce qui est ancien ou traduit communément dans l'entreprise le temps passé à l'exercice d'une fonction ou d'une activité. Elle est le gage d'une fidélité, d'une légitimité. Elle se mesure par l'écoulement du temps et son ampleur permet d'acquérir ou de solidifier un certain nombre de droits ou de prérogatives. De prime abord, nul ne songe à lui attribuer des effets défavorables* » (52).

Les professeurs Gilles AUZERO, Dirk BAUGARD et Emmanuel DOCKÈS enseignent que « *l'ancienneté est pour le salarié source de nombreux avantages, d'origine légale ou conventionnelle* » (53). Leur aîné, Jean SAVATIER, indiquait aussi qu'il arrive « *que le bénéfice d'un avantage soit subordonné, d'une part, à une ancienneté dans l'entreprise, d'autre part, à la justification d'une durée d'activité professionnelle comme salarié* » (54).

Tout d'abord, l'ancienneté donne droit au maintien de son salaire, alors que des collègues en seraient privés. L'hypothèse concerne les jours fériés que la loi n'aura pas exigé (aux

---

51) François Dumont, L'ancienneté : un critère à géométrie variable, La Semaine Juridique Social n° 26, 26 Juin 2007, 1487.

52) François Dumont, L'ancienneté : un critère à géométrie variable, La Semaine Juridique Social n° 26, 26 Juin 2007, 1487.

53) Gilles Auzero, Dirk Baugard et Emmanuel Dockès, Droit du travail, Précis Dalloz, 2018, n° 353. Ces auteurs donnent comme exemples : « *délai-congé, indemnité de licenciement, élection et éligibilité aux fonctions de représentant du personnel, garantie de rémunération ou de conservation d'emploi en cas de maladie...* ».

54) Jean SAVATIER, Répertoire de droit du travail, Ancienneté dans l'entreprise, janvier 2007, n° 20. C'est le cas pour le congé sabbatique ou pour le congé pour reprise d'une entreprise.

employeurs) de rémunérer quand même. Normalement, en l'absence de travail au profit de l'entreprise, le salarié ne devrait rien espérer comme salaire.

Toutefois, indique le Code du travail (en sont article L3133-3), « *le chômage des jours fériés ne peut entraîner aucune perte de salaire pour les salariés totalisant au moins trois mois d'ancienneté dans l'entreprise ou l'établissement* ». Cependant, tempère l'alinéa 3 de cet article, « *ces dispositions ne s'appliquent ni aux personnes travaillant à domicile, ni aux salariés intermittents, ni aux salariés temporaires* » (55).

La présence à son poste de travail offre progressivement au travailleur des jours de congés payés. Il s'agira d'un temps où, sans avoir à mettre sa force de travail à la disposition de l'employeur, celui-ci n'en sera pas moins tenu de verser un salaire. Le Code du travail (art. L3141-3) dispose en effet que « *le salarié a droit à un congé de deux jours et demi ouvrables par mois de travail effectif chez le même employeur* » (alinéa 1). Il est entendu que « *la durée totale du congé exigible ne peut excéder trente jours ouvrables* » (alinéa 2).

Le mois auquel il est ici fait référence ne comprend pas forcément les samedis, les dimanches et les jours fériés. Effectivement, il suffit de « *quatre semaines ou vingt-quatre jours de travail* » pour satisfaire à cette exigence de durée mensuelle (56). Mieux, la durée d'un mois est accomplie par assimilation de certaines périodes d'inactivité à du temps de travail effectif. Précisément, aux termes de l'article L3141-5 du Code du travail, le fait de se trouver en congés payés rapporte au vacancier de nouveaux jours de congés payés.

---

55) En revanche, dit l'alinéa 2, le maintien du salaire profite « *aux salariés saisonniers si, du fait de divers contrats successifs ou non, ils cumulent une ancienneté totale d'au moins trois mois dans l'entreprise* ».

56) Code du travail, article L3141-4.

Ce texte confère cette conséquence paradoxale à d'autres congés dont quelques uns sont plus surprenants que d'autres (57). Les absences qui ne bénéficient pas de cette faveur particulière ferment donc l'accès à des avantages dont des collègues profiteront, eux. Néanmoins, a voulu le législateur, « *l'absence du salarié ne peut avoir pour effet d'entraîner une réduction de ses droits à congé plus que proportionnelle à la durée de cette absence* » (58).

La Cour de cassation rappelle que « *les jours de congés payés et d'absence, à défaut de dispositions légales ou conventionnelles ou d'un usage contraires, ne peuvent être assimilés à du temps de travail effectif* » (59). Dans un procès d'il y a une douzaine d'années, la cour d'appel de Toulouse (10 juin 2009) ne l'avait pas spontanément vu. D'ailleurs, plusieurs types d'absentéisme n'amputent point l'ancienneté (60). À l'inverse, le doute ne serait parfois pas déraisonnable (61).

---

57) En l'occurrence, l'employeur (ou sa corporation) est à l'origine des assimilations (au travail) qui concerne : les contreparties obligatoires octroyée sous forme de repos au salarié ; les jours de repos découlant d'un accord collectif ; les périodes d'arrêt maladie en lien avec l'activité professionnelle. En revanche, la société tout entière (et non pas le seul employeur) devrait financer les congés payés qui résultent : d'une part des périodes de congé de maternité, de paternité et d'accueil de l'enfant et d'adoption ; d'autre part, des périodes pendant lesquelles un salarié se retrouve à la disposition de l'armée.

58) Code du travail, article L3141-6.

59) Cass. Soc., 09 février 2011, N° de pourvoi : 09-42.939, société Main sécurité, Bulletin 2011, V, n° 46.

60) Article L3141-5 : « *Sont considérées comme périodes de travail effectif pour la détermination de la durée du congé : // 1° Les périodes de congé payé ; // 2° Les périodes de congé de maternité, de paternité et d'accueil de l'enfant et d'adoption ; // 3° Les contreparties obligatoires sous forme de repos prévues aux articles L. 3121-30, L. 3121-33 et L. 3121-38 ; // 4° Les jours de repos accordés au titre de l'accord collectif conclu en application de l'article L. 3121-44 ; // 5° Les périodes, dans la limite d'une durée ininterrompue d'un an, pendant lesquelles l'exécution du contrat de travail*

ISSN 3096-8152

Par ailleurs, lorsque la période de suspension est prise quand même en compte, cela permet au salarié d'obtenir tous les avantages légaux ou conventionnels inhérents à l'ancienneté dans l'emploi. En revanche, il ne peut prétendre aux avantages liés à la présence dans l'entreprise et à un travail effectif. Certes un absentéisme, par exemple en raison d'un accident du travail ou d'une maladie professionnelle est fictivement considéré comme du temps de travail effectif. Mais, seulement dans la limite d'une année. Au-delà, malgré sa conservation de la qualité de salarié, ce salarié n'engrangera plus de jours supplémentaires de congés payés. Le compteur correspondant cesse donc de tourner en sa faveur (62).

Au JO de 2014, l'on peut lire le propos suivant d'un député. À savoir que : « *La pratique est désormais bien ancrée : certaines entreprises offrent des chèques-cadeaux lors du Noël de leurs salariés ; ceux-ci sont attribués en fonction de l'ancienneté des salariés (par exemple : CDD ayant au moins 6 mois et CDI justifiant d'au moins 3 ans d'ancienneté) et de leurs absences (par exemple : exclusion des salariés absents pour maladie*

---

est suspendue pour cause d'accident du travail ou de maladie professionnelle ; // 6° Les périodes pendant lesquelles un salarié se trouve maintenu ou rappelé au service national à un titre quelconque ».

61) Article L3141-6 : « *L'absence du salarié ne peut avoir pour effet d'entraîner une réduction de ses droits à congé plus que proportionnelle à la durée de cette absence* ».

62) C'est ainsi que la cour d'appel de Reims (16 novembre 2005) avait confirmé le jugement d'un conseil de prud'hommes, en ce qu'il avait condamné l'employeur à payer des sommes au titre des congés payés. Son arrêt n'aura pas été censuré, car la cour rémoise aura « *constaté que le salarié n'avait pas bénéficié d'un arrêt de travail supérieur à un an du fait de l'accident du travail* » (Cass. Soc., 17 octobre 2007, n° 06-40.311).

depuis 6 mois et plus et des salariés en congé parental à taux plein) » (63).

La polyclinique du Val de Saône s'est engagée, dans un contrat collectif (64), de remettre un chèque 200 € aux salariés justifiant d'une ancienneté de 20 ans. En Cas d'ancienneté plus importante, s'y rajoutent 10 € par année supplémentaire. En fait, les termes (rendez-vous) suivants sont 25 ans, 30 ans et 35 ans. Le salarié qui aura attendu sa fin de carrière pour solliciter le versement promis ne se verra pas opposé de prescription extinctive. Il percevra donc 350 euros.

Compte tenu du rallongement de l'âge de départ à la retraite, peut-être le seuil de 40 ans de service pouvait-il être envisagé. Cela étant, jusqu'en 2017 (et depuis 2006), l'accord ne prévoyait que l'ancienneté de 20 ans. Précisons que dans les divers cas de figure, l'intéressé aura reçu la médaille du travail correspondante.

Répartition de l'intéressement, L3314-5, alinéa 1 : « *La répartition de l'intéressement entre les bénéficiaires peut être uniforme, proportionnelle à la durée de présence dans l'entreprise au cours de l'exercice ou proportionnelle aux salaires. L'accord peut également retenir conjointement ces différents critères* ».

Répartition de la réserve spéciale de participation. Selon l'article L3324-5 du Code du travail, « *l'accord de participation peut décider que cette répartition entre les bénéficiaires est uniforme, proportionnelle à la durée de présence dans l'entreprise au cours de l'exercice, ou retenir conjointement plusieurs de ces critères* ». La répartition des actions entre les salariés est organisée par l'article L3332-14 du Code du travail.

---

63) L'attribution de chèques-cadeaux en fonction de l'ancienneté peut justifier un redressement URSSAF, La Semaine Juridique Social n° 20, 20 Mai 2014, act. 193 et JOAN Q n° 43931, 6 mai 2014, p. 3688.

64) Accord collectif sur les thèmes de la négociation collective annuelle obligatoire, (pour l'année 2018), A07118002552, Article 9.

Son alinéa 1 prévoit que « *les actions gratuites attribuées aux salariés [...], peuvent être versées, [...] sur un plan d'épargne d'entreprise, dans la limite d'un montant égal à 7,5 % du plafond annuel de la sécurité sociale par adhérent, sous réserve d'une attribution à l'ensemble des salariés de l'entreprise* ». Aux termes du troisième alinéa, « *la répartition peut être uniforme, proportionnelle à la durée de présence dans l'entreprise au cours de l'exercice ou proportionnelle aux salaires ou retenir conjointement ces différents critères* ».

4. – La place de l'assiduité dans l'épargne salariale

Lorsqu'il est revenu au pouvoir, et institué la Vème République, le Général de Gaulle voulut (entre autres) que les employeurs ne se contentassent plus de verser au personnel le salaire convenu dans le contrat de travail (65). Alors, au moyen de trois textes, il leur fut recommandé le versement d'une portion du profit réalisé dans l'année (66). Les déductions fiscales et sociales par ailleurs prévues étaient censées inciter les employeurs à s'engager dans cette voie généreuse. Compte tenu de l'échec de la simple incitation, sept ans plus tard, la « *participation des salariés aux fruits de l'expansion des entreprise* » devint une obligation légale (67). Encore vingt ans plus tard, cette participation pris la forme d'une certaine entrée au capital social (68). Le dispositif entra alors dans le

65) Bruno Denkiewicz et Philip Maurin, Répertoire des sociétés, Épargne salariale, Septembre 2012 (actualisation : Juillet 2020), n° 1.

66) Il s'agit de l'ordonnance no 59-126 du 7 janvier 1959 et de ses deux décrets d'application : décret n° 59-1014 du 29 août 1959 et décret n° 60-475 du 21 mai 1960. Ces textes instituaient un système facultatif d'intéressement.

67) La règle nouvelle est contenue dans l'ordonnance 67-693 du 17 août 1967 et dans ses textes d'application.

68) Ce fut à nouveau une ordonnance : 86-1134 du 21 octobre 1986, flaqué de deux textes d'application du 17 juillet 1987 ; à savoir : un décret et un arrêté.

Code du travail où il a connu diverses modifications favorables aux salariés (69). Son appellation générique est l'épargne salariale. On y range diverses composantes progressives : participation ; intéressement ; plan d'épargne d'entreprise (PEE) ; plan d'épargne pour la retraite collectif (PERCO) ; contrat de partage des plus-values de cession de titres. L'employeur a un devoir d'information envers ses personnels. À cet égard, il leur remet un livret (d'épargne salariale) dans lequel ces dispositifs sont décrits. Les intéressés sont ainsi au courant des droits invocables durant la carrière puis lors du départ définitif (70).

La volonté exacerbée d'extension des accords d'intéressement et de participation ou des plans d'épargne salariale (de L3342-1) aura conduit le législateur à réduire la durée de noviciat à trois mois au maximum (71). Le problème est que de nombreux contrats collectifs exigeaient généralement six mois d'ancienneté. Solution du législateur : « *à compter de la date de publication de la loi n° 2001-152 du 19 février 2001 sur l'épargne salariale, toute condition maximale d'ancienneté supérieure figurant dans les accords d'intéressement et de participation et dans les règlements de plan d'épargne d'entreprise en vigueur à cette même date* ».

Chacun des dispositifs de l'épargne salariale exige que le salarié qui en bénéficie démontre sa présence de trois mois dans

---

69) Pour l'essentiel : Loi n° 90-1002 du 7 novembre 1990 ; loi no 94-640 du 25 juillet 1994 ; loi no 2001-152 du 19 février 2001 ; loi no 2006-1770 du 30 décembre 2006 ; loi no 2008-1258 du 3 décembre 2008 ; loi no 2010-1330 du 9 novembre 2010.

70) Xavier Aumeran, Les dispositifs d'épargne salariale, La Semaine Juridique Social n° 42, 22 Octobre 2019, 1299.

71) Dans sa thèse de doctorat d'histoire du droit, Claire Bonici recourt alternativement aux deux termes noviciat et ancienneté, comme des synonymes (L'indemnisation du chômage aux XIXe et XXe siècles, à travers l'exemple lyonnais, Th. Histoire du droit, Lyon III, 2010, p. 180 et s.

l'entreprise. On pouvait penser que cette durée de noviciat tienne compte d'un éventuel absentéisme.

Les absences seraient ainsi déduites de l'ancienneté apparente. C'est le dispositif dernier né de l'épargne salariale qui permet de répondre à cette interrogation. Il s'agit du contrat de partage des plus-values de cession de titres.

Les règles qui lui sont applicables figurent dans le Code de commerce (art. L23-11-3) ; même si lui-même renvoie par ailleurs au Code du travail (art. L3342-1). D'une part, faut-il savoir, l'ancienneté exigée ne doit pas dépasser deux années. Pour tous les autres éléments de l'épargne salariale, le maximum est de trois mois. D'autre part, les textes précisent que certaines absences doivent quand même être considérées comme des présences.

Le Code de commerce indique ainsi : le congé maternité et le congé d'adoption, de même que les absences découlant d'une maladie professionnelle ou d'un accident de travail. Ces précisions légales autorise un raisonnement a contrario. C'est-à-dire que les autres absences diminuent l'ancienneté apparente. Du coup, par exemple pour trois salariés arrivés en septembre, celui d'entre eux qui aura eu la malchance de tomber malade, s'arrêtant peut-être deux mois, n'aura pas droit à l'épargne salariale, contrairement à ses deux camarades.

Malgré quelques droits au cumul d'emplois, le salarié ne peut jouir des avantages issus de l'épargne salariale et du Comité d'Entreprise (CSE dorénavant) que sur le fondement d'un seul des emplois. Dans ces conditions, l'employeur qui aura mis un salarié à la disposition d'une autre personne morale doit-il continuer de financer le CSE en tenant compte de lui ? Pour la cour d'appel de Paris (03 juillet 2014) la réponse est positive

(72). Selon cette juridiction du fond, ensuite démentie, « *les salariés détachés, ou mis à disposition d'une autre entreprise, dont les liens contractuels avec la société Xerox subsistent, ont vocation à être réintégrés au sein de celle-ci à l'issue de leur détachement ou de leur mise à disposition* ».

En conséquence de quoi le comité d'établissement de la société Xerox aura toujours eu vocation à exercer pleinement ses attributions à l'égard desdits salariés. Comme la Cour de cassation, nous ne partageons pas l'apparent systématisme de cette façon de voir (73). Elle est trop favorable même à des travailleurs qui, peut-être, n'auront plus œuvrés pour l'employeur initial depuis des années (74).

La participation aux résultats suppose la réalisation d'un bénéfice par l'entreprise (75). Sa détermination suppose de compulser

---

72) Cass. Soc., 31 mai 2016, comité d'établissement de Saint-Denis de la société Xerox, N° de pourvoi : 14-25.042. Arrêt fondé sur les articles L2323-86 et L2325-43 du Code du travail.

73) La Cour de cassation a expliqué que : « *pendant le temps de leur mise à disposition les salariés sont présumés être intégrés de façon étroite et permanente à la communauté de travail de l'entreprise d'accueil et qu'il appartient au comité d'entreprise de l'employeur d'origine qui sollicite la prise en compte de leurs salaires dans la masse salariale brute servant au calcul de la subvention de fonctionnement et de la contribution aux activités sociales et culturelles, de rapporter la preuve que, malgré leur mise à disposition, ces salariés sont demeurés intégrés de façon étroite et permanente à leur entreprise d'origine* ». Au vu d'une telle parenthèse, l'on pourrait penser que le compteur de l'ancienneté du salarié se sera arrêté le temps de l'activité auprès d'une autre personne morale. Or la cour d'appel de Paris n'a pas songé à la notion de suspension (et encore moins à celle d'interruption).

74) Même dans le secteur privé, le législateur commande de réintégrer le salarié (prodigue ou empêché) dans un emploi équivalent à son poste d'antan. Cette exigence se fracasse parfois sur les réorganisations éventuellement survenues chez l'employeur.

75) Alors qu'à l'origine les entreprises tenues au versement de la participation étaient d'une certaine taille (plus de 100 salariés), aujourd'hui, il suffit

diverses données comptables, telles que les salaires, les charges, la valeur ajoutée, et le résultat net.

Selon Xavier Aumeran, « *un accord dit "dérogatoire" n'ouvre droit au régime social et fiscal de faveur que si la réserve spéciale de participation n'excède pas la moitié du bénéfice net comptable ou, au choix des parties, l'un des trois plafonds suivants : le bénéfice net comptable diminué de 5 % des capitaux propres ; le bénéfice net fiscal diminué de 5 % des capitaux propres ; la moitié du bénéfice net fiscal* » (76).

L'idéal est ainsi de travailler pour une entreprise privé, plutôt que pour un établissement public, même industriel et commercial (77). S'agissant des entreprises du secteur privé, elles doivent par conséquent se montrer partageuses, peu important leur forme juridique ou la nature de leur activité (78).

Pour sa part, l'intéressement est plus librement défini par les partenaires sociaux. Néanmoins, celui-ci étant collectif, c'est-à-dire ouvert à l'ensemble des salariés, il est hors de question

---

d'avoir eu un effectif de 50 salariés pendant les cinq dernières années (Code du travail, article L3322-1).

76) Xavier Aumeran, Les dispositifs d'épargne salariale, La Semaine Juridique Social n° 42, 22 Octobre 2019, 1299 ; Bruno Denkiewicz et Philip Maurin, Répertoire des sociétés, Épargne salariale, Septembre 2012 (actualisation : Juillet 2020), n° 54. Conf. aussi Code du travail, article L3324-2.

77) Krys Pagani, Participation aux résultats dans le secteur public, La Semaine Juridique Social n° 14, 10 Avril 2018, 1126 : « *Le Code du travail distingue désormais trois catégories d'employeurs publics. Les règles relatives à la participation aux résultats sont applicables sans restriction aux sociétés, groupements ou personnes morales « dont plus de la moitié du capital est détenue, ensemble ou séparément, indirectement par l'État et directement ou indirectement par ses établissements publics, s'ils ne bénéficient pas de subventions d'exploitation, ne sont pas en situation de monopole et ne sont pas soumis à des prix réglementés* » (C. trav., art. L. 3321-1, al. 3). Les salariés des deux dernières catégories d'employeurs ne bénéficient de la participation aux résultats que si la personne qui les emploie est visée par un décret qui en détermine les modalités ».

78) Code du travail, article L3322-2.

de le subordonner à la bonne conduite du salarié. Les éventuelles fautes et absences du mauvais salarié ne doivent donc pas être prises en considération.

Sinon, l'on risquerait de l'exclure de la perception de toute somme, ou bien l'on risquerait de lui attribuer moins qu'à ses collègues. Si l'employeur en tient quand même compte, il perd alors les exonérations fiscales prévues. En d'autres termes, il ne peut y être prétendu qu'en maintenant à l'intéressement son caractère collectif (79).

Sans doute la question se posera-t-elle un jour de savoir si la protection juridique traditionnellement offerte au salaire doit également profiter à l'épargne salariale. Avant de répondre, il convient d'avoir à l'esprit que les versements correspondants sont aléatoires, puisque qu'ils dépendent de la réalisation de bénéfices par l'entreprise.

D'un autre côté, ces versements n'ont pas de caractère alimentaire, puisqu'ils peuvent être bloqués pendant des années dans les institutions partenaires de l'employeur. Or, la certitude et le caractère alimentaire sont de l'essence du salaire. C'est ce dernier caractère qui en justifie la nécessaire protection par un privilège et par un superprivilège.

Il n'empêche que monsieur le professeur Gilles Auzero se dit que « *la variété de ces modes de rémunération appelle des règles différentes selon les formes prises par l'épargne salariale* » (80). Cela étant, « *la requalification des rémunérations versées en salaire est susceptible d'être décidée par le juge en cas d'incertitude sur leur nature juridique* » (81).

---

79) Cass. Soc. 11 juin 1998, no 96-19.003, Bull. civ. V, no 318 ; Bruno Denkiewicz et Philip Maurin, Répertoire des sociétés, Épargne salariale, Septembre 2012 (actualisation : Juillet 2020), n° 54.

80) Gilles Auzero, La détermination des créances garanties par l'AGS en matière d'épargne salariale, Dalloz actualité, 16 juin 2009.

81) Fleur Laronze, De la rémunération salariale à la rémunération non salariale, Droit social 2017. 480. D'ailleurs dit le collectif d'auteurs animé

5. – Le supplément au salaire pour ancienneté et assiduité

« *Aucune disposition légale générale ne garantit aux salariés des avantages de rémunération liés à leur ancienneté. On peut seulement citer des dispositions particulières comme celles relatives à la variation du salaire de l'apprenti en fonction du temps pendant lequel le contrat a été exécuté* » (82).

Un raisonnement a contrario permettrait de faire dire à Marie-Cécile ESCANDE-VARNIOL que les suppléments patrimoniaux issus de l'ancienneté ont une finalité « *plus préventive que gracieuse* » (83).

Il n'en reste pas moins que d'après un duo d'économistes (Jean-François GIRET et Philippe LEMISTRE), « *le principe de séniorité* » serait maintenu « *pour des raisons d'équité interne* », au point de toujours jouer « *un rôle très prégnant quel que soit le mode de rémunération mis en œuvre* » (84). L'équité s'accommoderait-elle d'un versement d'argent à un

---

par cette maître de conférences, « *certains employeurs détournent les règles en matière de charges sociales, de leur finalité afin de profiter d'un effet d'aubaine, les finances publiques portant le poids du coût des exonérations de charges admises par la loi au titre des rémunérations non salariales* ».

82) Jean Savatier, Répertoire de droit du travail, Ancienneté dans l'entreprise, janvier 2007, n° 20.

83) Marie-Cécile Escande-Varniol, Répertoire de droit du travail / Salaire : définition et formes Trav., Octobre 2013, n° 369 : « *Les primes d'assiduité, dont la finalité est plus préventive que gracieuse puisqu'il ne s'agit plus de récompenser la fidélité ou l'expérience, mais d'éviter l'absentéisme et de favoriser la régularité et la continuité de présence du personnel, entrent néanmoins dans la catégorie d'avantages individuels* ».

84) Jean-François Giret, Philippe Lemistre. Ancienneté dans l'entreprise et progressions salariales en début de carrière : quelle influence des modes de rémunérations ?. Économie appliquée : archives de l'Institut de science économique appliquée, Institut des sciences mathématiques et économiques appliquées — ISMEA, 2012, 65 (1), pp.177-211. ⟨halshs-00687603⟩

salarié parce qu'ayant été malade son ancienneté en aurait également souffert ? Sans doute l'expérience donne-t-elle parfois à constater des cas où les salariés seraient dignes de la sollicitude des juges. On comprendrait alors que leur application du droit positif soit d'office emprunte d'amiable composition.

Il est faux de penser que les travailleurs les plus âgés d'une entreprise sont forcément plus favorisés. Autrement dit, la nouvelle recrue qui serait d'un certain âge (45 ans par exemple) peut avoir des droits moindres que ceux d'une personne plus jeune (par exemple 30 ans), mais aurait une plus grande ancienneté (85). Certes, sans doute existe-t-il un lien entre le grand âge et une plus grande ancienneté.

« *L'avantage pécuniaire lié à l'ancienneté peut prendre la forme soit d'une augmentation du salaire de base, éventuellement sous la forme d'un avancement, soit d'une prime complétant le salaire de base* » (86). Ainsi, dans un accord d'entreprise (de l'époque de la covid-19), l'on a pu lire : « *Compte tenu du contexte, il n'y aura pas de mesures d'augmentations salariales pour 2021, à l'exclusion des personnes concernées par des promotions et la prise de nouvelles fonctions. // Les salariés sous statut ETAM bénéficieront des mesures conventionnelles de revalorisation liées à l'ancienneté* » (87).

Le professeur François Gaudu conteste les faveurs liées à l'ancienneté. Car, « *globalement, l'existence d'un avancement*

---

85) Christophe Radé. Licenciement. Indemnité conventionnelle. Plafonnement. Ancienneté. Discrimination indirecte. Âge du salarié. Droit Social, Dalloz, 2009, pp.1004. L'auteur attire l'attention sur le fait que l'institution d'un critère d'ancienneté ne saurait dès lors être regardé comme une discrimination, même indirecte.

86) Jean Savatier, Répertoire de droit du travail, Ancienneté dans l'entreprise, janvier 2007, n° 51.

87) Société concessionnaire aéroports du Grand Ouest, NAO 2020, Accord salarial AGO, T04420009067, pour 2021, art. 3, salaires effectifs.

salarial à l'ancienneté signifie que l'on sous-paie les jeunes pour surpayer les vieux, à travail égal » (88). Surtout que l'ancienneté présente quelques inconvénients pour l'employeur lui-même. Car il se retrouve en présence de personnes n'espérant plus rien et ne craignant plus grand-chose. On constate possiblement une démotivation ou un laisser-aller. Précisément, renchérit le professeur Jean SAVATIER, « *si la progression de leur rémunération ne dépend pas de leurs efforts, mais de leur ancienneté, et si celle-ci les protège contre le licenciement, on peut craindre que leur productivité s'en ressente* » (89).

En attaquant un arrêt de la cour d'appel d'Aix-en-Provence (26 octobre 2012), un ouvrier agricole aura donné à la Cour de cassation l'occasion de (re)dire à cette juridiction que : « *les durées des contrats de travail à caractère saisonnier successifs dans la même entreprise, sont cumulées pour calculer l'ancienneté du salarié* » (90). En l'espèce, les protagonistes étaient, d'une part, une entreprise agricole passée du père au fils, et un saisonnier venant du Maghreb depuis l'année 1995. Il revenait en France sous l'égide de l'Office des migrations internationales (OMI) en tant que travailleur étranger. La question s'est alors posée de savoir si en 2009, soit 14 ans

---

88) François Gaudu, Quelques incidences du changement de phase démographique, Dr. soc. 2006. 351, spéc. p. 354.

89) Jean Savatier, Répertoire de droit du travail, Ancienneté dans l'entreprise, janvier 2007, n° 6.

90) Cass. Soc., 30 septembre 2014, N° de pourvoi : 13-21.115, Bulletin 2014, V, n° 222. Par deux arrêts du même jour, la même cour d'appel d'Aix-en-Provence a confirmé sa jurisprudence (17 janvier 2014), à laquelle la Cour de cassation à de nouveau répondu que : « *les durées des contrats de travail à caractère saisonnier successifs dans la même entreprise sont cumulées pour calculer l'ancienneté du salarié* » (Cass. Soc., 28 janvier 2016, N° de pourvoi : 14-25.833). En toute logique, seul un des deux arrêts pouvait (éventuellement) être publié ; n'aura pas eu cet honneur l'arrêt issu du pourvoi 14-25.832.

après le premier contrat, cet ouvrier pouvait prétendre à une prime d'ancienneté, voire à la requalification de ses CDD en un CDI. Le litige a été tranché sur la base de la convention collective des exploitations agricoles des Bouches-du-Rhône, notamment par application de son article 36. Celui-ci disposait « *qu'une prime d'ancienneté est attribuée aux salariés sous contrat à durée indéterminée ou déterminée totalisant trois ans de présence effective sur l'exploitation* ». Se posait donc la difficulté tenant à la discontinuité des contrats du saisonnier. Il a semblé à la cour d'appel d'Aix-en-Provence que « *l'ancienneté à prendre en considération est l'ancienneté qui résulte du contrat de travail en cours à l'exclusion des contrats antérieurs qui ont épuisé leurs effets* ». Certes, l'article L1244-2 du code du travail prévoit le cumul des durées des contrats saisonniers successifs. Néanmoins, ont estimé les conseillers Aixois (finalement à tort), cela « *ne vise que ceux de ces contrats comportant une clause de reconduction pour la saison suivante, clause absente des contrats signés par les parties* ».

Une affaire initialement tranchée par le CPH de Bayonne (16 septembre 2008) montre que la proportionnalité est susceptible d'être écartée au profit d'un versement forfaitaire à chacun des salariés. Certes, dit la Cour de cassation (15 septembre 2010), « *selon l'article L3123-10 du code du travail, compte tenu de la durée de son travail et de son ancienneté dans l'entreprise, la rémunération du salarié à temps partiel est proportionnelle à celle du salarié qui, à qualification égale, occupe à temps complet un emploi équivalent dans l'établissement ou l'entreprise* ». Néanmoins, s'est-elle reprise, « *selon l'article L2251-1 du même code, une convention ou un accord peut comporter des stipulations plus favorables aux salariés que les dispositions légales en vigueur* » (91).

6. – Les indemnités de départ comme gain exceptionnel

Le salarié qui, de plein gré ou malgré lui (mais sans faute grave), doit quitter son emploi, peut encore espérer percevoir quelques sommes. À cet égard, rappelle le professeur Pascal LOKIEC, « *le montant de l'indemnité due en cas de rupture conventionnelle individuelle ne peut être inférieur à celui de l'indemnité légale ou conventionnelle de licenciement* » (92). En vérité, dit le Code du travail (art. L1234-1) l'intéressé prétendra au mieux à deux mois de salaire, sauf clause spécifique d'un contrat individuel ou d'un contrat collectif de travail. D'après le strict droit commun, le salarié dont l'ancienneté serait inférieure à 6 mois n'a droit à absolument rien. Puis, le salarié peut prétendre à deux mois de salaire, ou bien à un seul mois, selon respectivement que son ancienneté sera supérieure ou inférieure à deux ans. Attention, les salaires de cette période de préavis correspondent à la contrepartie d'un travail encore accompli au profit du futur ex-employeur. Certes, l'employeur peut souhaiter ne plus du tout le voir dans l'entreprise. Dans ces conditions, il lui versera les sommes correspondantes quasi-gratuitement. C'est sera le prix de la tranquillité d'esprit pour cet employeur. On parle alors de dispense du préavis (93).

---

91) Cass. Soc., 15 septembre 2010, n° de pourvoi: 08-45050, Bulletin 2010, V, n° 181.

92) Pascal Lokiec, Répertoire de droit du travail, Ruptures conventionnelles, Octobre 2020, n° 116.

93) Il convient de noter que « *l'indemnité compensatrice de congés payés allouée au salarié ne pouvant être considérée comme un temps de service, la cour d'appel [de Fort-de-France], qui a apprécié l'ancienneté à la fin du préavis, a légalement justifié sa décision* » (Cass. Soc., 19 février 1991, N° de pourvoi : 88-42.460, Centre d'action culturelle de la Guadeloupe).

L'approche « *services continus* » de l'ancienneté a cours, d'une part, pour la détermination de la durée de préavis et, d'autre part, pour la vérification de la condition d'ouverture à l'indemnité de licenciement. Les diverses durées de suspension doivent alors être déduites du temps d'appartenance à l'entreprise, pour fixer la longueur de l'ancienneté.

C'est à propos de cette ancienneté « *services continus* » qu'il y a lieu de distinguer entre les différentes causes de suspension. Les choses se passent comme en matière de discussion du droit aux congés payés. Dans l'un et l'autre cas, l'on se focalise forcément sur la notion de travail effectif et sur l'assimilation de certains repos et congés au travail effectif (94).

L'absentéiste n'aura généralement pas droit (ou pas entièrement) à ces suppléments au salaire brut. Du coup, la base de calcul de son indemnité (à lui !) sera moindre que celle du collègue sans absences illégitimes. L'effet de l'absentéisme est alors celui d'une sanction indirecte. Tout aussi indirecte est la diminution des bases de calcul si le salarié a subi une diminution de salaire (après rétrogradation), pour les absences injustifiées.

S'agissant des dommages-intérêts consécutifs à un licenciement sans cause réelle et sérieuse (article L1235-5 du Code du travail), « *L'ancienneté s'entend de l'appartenance à l'entreprise sans qu'il y ait lieu de retrancher les périodes de simple suspension du contrat de travail [...]. Les périodes de suspension du contrat de travail tenant, par exemple, à la maladie [...], à la mise à pied du salarié ne seront pas décomptées* » (95).

---

94) Gilles Auzero, Dirk Baugard et Emmanuel Dockès, Droit du travail, Précis Dalloz, 2018, n° 353.

95) Romain Marié, Fasc. 28-10 : SUSPENSION DU CONTRAT DE TRAVAIL. – Régime de droit commun, JurisClasseur Travail Traité, 24 Juillet 2017, n° 85.

Sur le fondement de l'article R1234-4 du code du travail, un auteur indique que la rémunération sur laquelle se baser pour déterminer l'indemnité de licenciement sera la plus favorable (la plus avantageuse) possible pour l'intéressé (96). Or deux (voire trois) possibilités existent. D'une part, la moyenne mensuelle des 12 derniers mois qui auront précédé le licenciement ; d'autre part, la moyenne mensuelle des salaires (inférieurs à 12 mois) ; de troisième part, la moyenne des trois derniers mois (c'est-à-dire le tiers). Attention, pour ces divers calculs, ce sera prorata temporis qu'il faudra considérer les primes et les gratifications qui sont exceptionnelles ou qui sont annuelles.

En cette matière, sous réserve du principe de proportionnalité, l'on peut oser que, qui peut le plus, peut le moins. En conséquence de quoi, au lieu de licencier son salarié absentéiste, l'employeur peut se contenter de le rétrograder ; d'où une diminution du salaire brut à lui reconnaître. Par la suite, lorsque ce dernier quitterait bientôt l'entreprise, le salaire de référence utilisable pour son indemnité de départ de son CDI se révèlera être plus faible qu'avant la rétrogradation (97).

Voici un cas d'école. Il y a exactement trois ans, deux individus ont été recrutés le même jour pour des postes similaires payés 3000 €. À la suite d'une faute commune, les deux ont été rétrogradés. Leur rémunération est descendue à 2500 €.

---

96) Pascal LOKIEC, Répertoire de droit du travail, Ruptures conventionnelles, Octobre 2020, n° 120.

97) Précisons que cette indemnité présente une parenté au moins lointaine avec les bons et loyaux services rendus par le salarié qui s'en va désormais. Dès lors, seul le salarié licencié pour faute simple ou légère (pas lourde, pas grave) y a droit. Il partage ce droit avec le salarié objet d'un licenciement économique, avec le salarié coauteur d'une rupture conventionnelle, et avec le salarié (désireux ou obligé) de faire valoir ses droits à la retraite.

Aujourd'hui, soit quatre mois après cette sanction, ils sont finalement licenciés pour avoir commis une (autre) faute légère. Prétendront-ils à la même indemnité de fin de CDI, malgré le fait que l'un d'entre eux avait été en arrêt durant un mois, à la suite d'un accident de ski ?

Reprenons donc les termes de Laurent Drai pour cette interrogation : « *La suspension du contrat de travail est-elle de nature à affecter la détermination de la durée d'ancienneté du salarié ?* ». Sa réponse est que « *les articles L. 1234-8 et L. 1234-11 du Code du travail, respectivement relatifs à l'indemnité de préavis et à l'indemnité légale de licenciement, prévoient que « la période de suspension n'entre pas en compte pour la détermination de la durée d'ancienneté exigée pour bénéficier de ces dispositions* » (98).

Une vingtaine d'années auparavant, en vertu de la loi (et non pas d'une convention collective), la solution inverse avait été retenue par un arrêt de cassation. En l'espèce, « *pour calculer l'indemnité de licenciement l'arrêt attaqué a dit que l'ancienneté des salariés devait être calculée à compter de la date de leur première embauche, sans déduction des périodes pendant lesquelles, du fait du caractère saisonnier de l'emploi, ils n'avaient pas travaillé* » (99). L'arrêt de censure jugea « *qu'en statuant ainsi, alors que les périodes pendant lesquelles, le contrat de travail avait, en fait été suspendu, ne pouvaient être prises en considération pour le calcul de l'indemnité de licenciement la cour d'appel a violé le texte susvisé [L122-9 du Code du travail]* ».

---

98) Laurent Drai, Calcul de l'ancienneté en vue de l'attribution d'un avantage conventionnel, La Semaine Juridique Social n° 29, 22 Juillet 2014, 1315.

99) Cass. Soc., 05 mai 1982, N° de pourvoi : 80-40.698 et autres. Six arrêts rendus le 13 décembre 1979 par la cour d'appel de Paris furent annulés au profit d'une meilleure solution alors attendue de la cour d'appel de Versailles, juridiction de renvoi.

On lit, dans un célèbre manuel, édité par la maison Dalloz que pour le calcul du montant de l'indemnité de licenciement, « *la suspension du contrat, quelle qu'en soit la cause, n'exerce aucune influence sur le calcul de l'ancienneté* » (100). Par ailleurs, l'un des fascicules d'une encyclopédie du même éditeur donne à lire que : « *L'ancienneté prend fin lors de la rupture du contrat, c'est-à-dire au jour où l'employeur envoie la lettre recommandée de licenciement* » (101).

Deux dates sont ici à distinguer : celle d'apparition du droit à l'indemnité et celle de la détermination de son quantum. La première est concomitante à la date de notification du licenciement, alors que la seconde se confond avec le jour de la fin du préavis (102).

Une subtilité juridique se présente au demandeur d'une indemnité de licenciement (ou, plus généralement, de fin de CDI). Car deux espèces d'ancienneté sont alors à distinguer. Le critère de différenciation est le délai du préavis. Il ne faut pas en tenir compte lorsqu'il s'agit de savoir si la durée (l'ancienneté) est suffisante pour ouvrir droit à l'indemnité. En revanche, s'il est constaté que celle-ci est possible, alors l'on détermine cette fois la durée du préavis acquis. À cet égard, « En cas de dispense d'exécution du préavis, l'indemnité sera calculée d'après l'ancienneté que le salarié aurait acquise à la fin du préavis » (103).

---

100) Gilles Auzero, Dirk Baugard et Emmanuel Dockès, Droit du travail, Précis Dalloz, 2018, n° 353.

101) Cass. soc. 26 sept. 2006, no 05-43.841, Dr. soc. 2006. 1193, obs. J. Savatier, Bull. civ. V, no 288.

102) Jean Savatier, Répertoire de droit du travail, Ancienneté dans l'entreprise, janvier 2007, n° 92.

103) François Taquet, Appréciation de l'ancienneté du salarié, Revue des procédures collectives n° 3, Mai 2010, comm. 108.

On sait que pour l'indemnité de licenciement pour faillite deux années sont exigées (104). En application du Code du travail et de la convention collective idoine, la Cour de cassation enseigne que : « *pour déterminer le montant de l'indemnité de licenciement, l'ancienneté du salarié dans l'entreprise s'apprécie à la date d'expiration normale du délai de préavis, qu'il soit ou non exécuté, le droit au bénéfice de cette indemnité naît, sauf clause expresse contraire, à la date de notification du licenciement* ».

La cassation est dès encourue, puisque « *la cour d'appel [de Paris, 16 septembre 2008] a condamné l'entreprise à payer à la salariée une indemnité de licenciement alors qu'il résultait de ses constatations qu'à la date de notification du licenciement, celle-ci avait une ancienneté inférieure à deux années* ».

7. – Le complément d'IJSS du malade selon son ancienneté

Selon le professeur Jean SAVATIER, « *il faut ranger parmi les avantages pécuniaires subordonnés à une ancienneté les indemnités de maladie versées par l'employeur en complément des prestations d'assurance maladie dues par la sécurité sociale. [...]. Les conventions collectives améliorent souvent cette garantie de ressources en cas de maladie, soit en réduisant l'ancienneté nécessaire pour en bénéficier, soit en allongeant le délai pendant lequel elle est assurée, soit en augmentant le taux d'indemnisation* » (105).

Les bases de calcul de l'éventuel complément patronal. La bienfaisance ou gentillesse de l'employeur est discutée, déniée. Néanmoins, il existe des cas où elle réelle est désintéressée. En tous cas, « *La protection sociale d'entreprise naît du patronage et on peut dire qu'elle participe de la représentation*

104) Cass. Soc., 24 mars 2010, N° de pourvoi : 08-44.994, Mme Amena.

105) Jean Savatier, Répertoire de droit du travail, Ancienneté dans l'entreprise, janvier 2007, n° 63.

de la relation d'emploi en tant que relation durable. Il s'agit en effet de conférer au travailleur et à sa famille une protection fondée sur l'appartenance et la fidélité à l'entreprise qui l'emploie et le salarie dans la durée. Dans cette perspective, la relation d'emploi déborde très largement le cadre du louage de services limité à la dimension marchande du travail. Ce qui caractérise patronage et paternalisme, c'est le fait de chercher à « pourvoir aux besoins des salariés dans et hors de l'usine, avant, à côté et après la vie dite "active", bref, de la naissance à la mort, en les contrôlant par divers systèmes de protection contre l'adversité et les aléas des conditions de travail » (106). Ceci explique notamment l'intervention du patronat dans les questions de la protection sociale, mais aussi du logement et, plus loin, de l'urbanisme.

Le doute demeure persistant relativement à la période où le salarié n'est pas au travail parce que blessé ou malade. En ces occurrences, quelles composantes du salaire faudra-t-il prendre en considération ? : « Le calcul du montant du salaire à maintenir durant la période d'absence pour maladie ou accident soulève régulièrement des questions quant aux éléments de la rémunération qu'il convient de prendre en compte. Il est heureux que les conventions collectives se montrent parfois explicites (107). Aussi des demandeurs n'avaient-ils pu avoir gain de cause, puisque les éléments dont ils se prévalaient n'avaient pas à être pris en considération (108).

Désormais, les indemnités seront calculées sur la base de 365 jours et non plus sur 360 jours. C'est l'application du

---

106) Philippe MARTIN, Épargne salariale et retraite : les avatars de la protection sociale d'entreprise en Europe, Droit social 2003. 202.

107) Mickaël D'ALLENDE, Conditions d'attribution d'une indemnité complémentaire, La Semaine Juridique Social n° 18, 30 Avril 2013, 1195.

108) Cass. soc., 6 févr. 2013, n° 11-23.925 à n° 11-23.932, FS-P+B , M. L. ET A. C/ SOCIÉTÉ AJINOMOTO SWEETENERS EUROPE.

décret n° 2010-1305 du 29 octobre 2010 relatif au mode de calcul des indemnités journalières dues au titre de la maladie, de la maternité et des accidents du travail et maladies professionnelles.

D'autre côté, l'on sait que l'indemnité complémentaire patronale se rajoute aux IJSS. On sait aussi que de cette indemnité brute il est déduit à la fois CSG et la CRDS, pour donner une IJSS nette. La question s'est alors posée de savoir si le rajout de l'employeur est à faire sur le montant brut ou sur le montant net. Dans une note sous arrêt, et au moyen de plusieurs hypothèses chiffrées, un avocat et un professeur, s'efforcent de démontrer pourquoi il convient de ne tenir compte que du salaire brut (109). Ce qu'ils appellent « *la rebrutalisation des indemnités journalières* ».

Estimant que la Chambre sociale de la Cour de cassation s'était ainsi prononcée dans ses arrêts du 15 décembre 2004, les deux coauteurs (MERLE et VACHET) se félicitent de ce qu'elle ait « *concilié rigueur juridique et exactitude mathématicienne* ». Bref, concluent-ils, « *la rebrutalisation des indemnités journalières versées par la sécurité sociale est la seule méthode évitant que le salarié ne touche plus que ce qu'il aurait touché s'il avait travaillé* ».

Au niveau de la branche professionnelle, les employeurs (et les représentants des salariés) vont généralement au-delà du traditionnel maintien de salaire dans les limites de la période prévue. À savoir 90 jours d'absence pour les cadres et 45 pour les autres salariés. Ainsi, dans le commerce et la réparation de l'automobile, pendant trois années d'absence, le maintien de la rémunération est offert grâce à un régime de prévoyance spécifique, dont la gestion est externalisée. Il n'empêche que

---

109) Gérard Merle et Gérard Vachet, Détermination de la rémunération due au salarié en arrêt de travail pour maladie, La Semaine Juridique Entreprise et Affaires n° 21, 26 Mai 2005, 792.

c'est l'employeur qui en porte le fardeau à partir du 180e jour (6 mois) et jusqu'aux trois années (36 mois) de couverture. Étant donné que celle-ci sort alors du droit commun, un employeur partie prenante à ce dispositif crut pouvoir s'exonérer du paiement de la CSG, de la CRDS et de la taxe sur les contributions patronales de prévoyance (110). Et puis, des décisions du 23 novembre 2006 semblent autoriser une telle prétention. De fait, il est difficile de s'étonner de la tentation, pour un homme d'affaires, de maximiser ses profits en minimisant ses prélèvements obligatoires. Mais, sa démarche s'est soldée par un échec. Car « *ne sont concernées par l'exonération que les sommes servant au financement des « premiers » maintiens de salaire prévus par les conventions collectives de branche, à savoir ceux courant à compter de l'arrêt de travail ou des jours qui suivent, et non ceux courant « au-delà d'une certaine durée* » (111).

Paradoxalement, l'employeur n'a pas le droit de se contenter de piocher tantôt dans la loi, tantôt dans la convention collective, les dispositions visiblement les plus intéressantes pour le salarié à indemniser en complément des IJSS. La Cour de cassation s'est déterminée de la sorte dans une affaire où était en jeu la convention collective nationale de la fourrure (112).

La cour d'appel de Paris (17 janvier 2012) avait procédé à une application distributive de la convention et du Code du travail. Il pensait précisément que l'employeur se devait de retenir « *la disposition la plus favorable pour chaque avantage* » dans l'une ou l'autre source. À savoir, « *la convention collective en ce qui concerne le maintien du salaire pendant les arrêts maladie du salarié, cette convention prévoyant une indemnisation pendant trois mois au cours de*

110) Vincent Roulet, Gaz. Pal. 7 juill. 2015, n° 231z5, p. 35.
111) Vincent Roulet, Gaz. Pal. 7 juill. 2015, n° 231z5, p. 35.
112) Cass. Soc., 23 mai 2013, n° 12-15.571.

12 mois consécutifs ». En revanche, « *les dispositions légales des articles D1226-1 à D1226-3 étant pour partie plus favorables au salarié quant à la durée d'indemnisation compte tenu de la majoration des durées tenant à son ancienneté* ». *Curieusement, la Cour de cassation aura plutôt été dans le tout ou rien ; pas de combinaison des deux régimes. Elle commande ainsi de « rechercher, par une appréciation globale avantage par avantage, le régime d'indemnisation en cas d'arrêt de travail pour cause de maladie le plus favorable au salarié* ».

En clair, « *un seul régime est appliqué. Ainsi, même si l'un des éléments comparés est moins favorable pour le salarié, il s'appliquera dès lors que l'ensemble du régime auquel le salarié appartient est plus intéressant* » (113). Dans les années 2020 et 2021, la comparaison était devenue délicate à cause de l'évolution régulière des textes légaux (114).

Il peut arriver que deux indemnités complémentaires aux IJSS aient vocation à profiter au salarié malade. Si les deux visent quasi-exactement le même but, leur cumul est alors exclu.

---

113) Liaisons sociales, Les thématiques, n° 8, 1er octobre 2015.

114) Camille-Frédéric Pradel et Perle Pradel-Boureux et Virgile Pradel, Coronavirus - Covid-19 : arrêt de travail et maintien du salaire, La Semaine Juridique Social n° 14, 7 Avril 2020, act. 139 : « *Dans le cadre de la crise actuelle, la comparaison entre les conditions légales et les conditions conventionnelles du maintien de salaire doit être réalisée avec prudence, au regard des incertitudes juridiques qui entourent les textes récemment publiés* ». Morane KEIM-BAGOT et Nicolas MOIZARD, Santé au travail et pandémie : les droits du salarié en recul ?, Rev. trav. 2021. 25 : « *Sous couvert de protéger la population en freinant les contaminations, une multitude de textes a été produite, suivant un rythme infernal, qui interroge plus qu'elle ne renseigne. Ainsi, depuis le premier confinement, du 17 mars midi au 11 mai 2020, dans divers documents publiés sur leurs sites internet respectifs, le gouvernement et les autorités administratives indépendantes orientent l'action des employeurs en matière de sécurité en période de pandémie. Ces documents font de nombreux renvois entre eux. Cette pratique devient un phénomène courant, relevant d'une forme de sédimentation croisée de l'argumentation* ».

Telle est la réponse prétorienne donnée à un VRP. Celui-ci prétendait à la fois aux indemnités découlant de la garantie souscrite dans le cadre d'un accord collectif et, par ailleurs, aux indemnités liées un accord national interprofessionnel (115).

Il en va autrement de la garantie que le salarié aura pu personnellement souscrire dans sa vie privée. Ainsi, dans une affaire, « *ayant relevé que l'assurance individuelle souscrite par le salarié ne constituait pas un régime de prévoyance faisant l'objet de versements patronaux, la cour d'appel a exactement décidé que l'employeur ne pouvait tenir compte des sommes reçues par le salarié à ce dernier titre* » (116).

Ici, il y a une petite erreur sur la juridiction dont la décision était attaquée, puisque le pourvoi avait plutôt été formé contre un jugement du conseil de prud'hommes de Bourg-en-Bresse (12 août 1987).

Il y a une réduction des indemnités de la sécurité sociale en cas d'hospitalisation de l'assuré. Les sources consultées brillent par un grand mutisme. Nous oserons expliquer la décision par le fait que le malade est pris en charge par l'institution qui l'accueil pendant des jours, des semaines, voire des mois. Une assimilation avec le prisonnier vient forcément à l'esprit, surtout quand le malade est l'hôte d'une unité psychiatre qu'il ne peut choisir de quitter librement (117).

---

115) Cass. Soc., 6 juin 2001, 99-43325 ; Emeric Jeansen, Fasc. 28-20 : MALADIE, JurisClasseur Travail Traité, 15 Janvier 2018, n° 19. Nous supposerons que le salarié n'aura pas participé financièrement, ni au régime indemnitaire né de l'accord national interprofessionnel, ni de l'accord collectif. Sinon, il ne serait pas mieux traité qu'un collègue qui ne se serait pas donné une telle protection indemnitaire.

116) Cass. Soc., 22 janvier 1991, n°87-44769, société "La Flèche bressane".

117) Bernard POUJADE, Question prioritaire de constitutionnalité et hospitalisation sans consentement, Gaz. Pal. 5 nov. 2011, p. 16 : *« s'agissant d'une mesure privative de liberté, le droit à un recours juridictionnel effectif impose que le juge judiciaire soit tenu de statuer sur*

Lorsque l'employeur verse un complément aux IJSS, de façon que son salarié conserve son niveau de revenu, doit-il viser le maintien du salaire brut ou plutôt du salaire net ? L'hésitation est permise, notamment parce que le salaire pourrait être l'objet d'une réduction en conséquence d'une cession ou d'une saisie, depuis quelque temps. Emeric Jeansen penche pour la prise en compte du salaire brut. Sinon, il s'ensuivrait un enrichissement du salarié, « *car aucune déduction pour cotisation sociale n'est appliquée aux IJSS* » (118).

Au début des années 80, le professeur Camerlynck rapportait que (selon la jurisprudence), « *lorsque la convention prévoit le plein traitement, il faut entendre par là toutes les sommes fixes ou variables que l'intéressé aurait perçues, et notamment les*

---

la demande de sortie immédiate dans les plus brefs délais compte tenu de la nécessité éventuelle de recueillir des éléments d'information complémentaires sur l'état de santé de la personne hospitalisée ». Jean-Claude BASTE, Le point de vue du médecin, LPA 21 mai 1997, n° PA199706107, p. 20 : « *Le principe est apparemment simple. Le médecin se doit de respecter la volonté du malade. [...]. Mais, la mise en œuvre de ce principe soulève parfois des difficultés et génère différentes questions. [...]. Le consentement libre et éclairé du patient, expression de l'autonomie de sa personnalité, est une condition indispensable, unanimement reconnue, à la pratique de tout acte médical. Ce consentement a pour corollaire le libre choix du patient quant aux décisions de réalisation des actes médicaux le concernant et implique donc pour celui-ci la possibilité de refus des soins proposés. Il faut donc s'interroger sur la signification de ce refus et sur l'attitude à adopter par le médecin. [...]. L'analyse des sorties contre avis médical dans les établissements de soins ne fournit [...] qu'une fraction de réponse, ignorant tous les colloques singuliers infructueux. Elle mélange [...]* ». Sans doute l'intervention s'inscrivait-elle dans le cadre d'une conférence organisée par le Conseil d'État le 29 juillet 1994.

118) Emeric Jeansen, Fasc. 28-20 : MALADIE, JurisClasseur Travail Traité, 15 Janvier 2018, n° 20.

primes » (119). La logique exclut cependant certaines primes, telles celle d'expatriation d'un salarié qui aurait été rapatrié.

Sur la base de la même convention collective, une consultante juridique et fiscal, statut cadre (depuis juin 2001) a réclamé auprès de son employeur le complément de salaire dû au titre de ses arrêts maladie, congé pathologique, puis maternité. Mais, sans succès. Le 13 octobre 2004, elle a dû saisir la juridiction prud'homale, tant pour ces prétentions financières, que pour les conséquences de sa prise d'acte.

La cour d'appel de Paris l'a déboutée (26 octobre 2007). La raison est que la salariée avait perçu une somme de 2720 euros au titre de la période litigieuse, alors qu'elle aurait dû percevoir, si elle avait travaillé, un salaire brut, hors primes et gratifications, de 2500 euro.

Néanmoins la Cour de cassation a cassé l'arrêt infirmatif (19 mai 2009). En l'espèce, la cour d'appel se sera trompée « *en se fondant sur la seule partie fixe de la rémunération de la salariée, alors [pourtant] qu'elle avait constaté qu'il lui était également attribué une partie variable liée au chiffre d'affaires qu'elle réalisait* » (120).

Dans l'affaire SOCIÉTÉ PSYA la convention collective applicable prévoyait que « *l'employeur ne devra verser au salarié que « les sommes nécessaires pour compléter ce que verse la sécurité sociale, et, le cas échéant, un régime de prévoyance, [...] jusqu'à concurrence de ce qu'aurait perçu, net de toute charge, le cadre malade ou accidenté s'il avait travaillé à temps plein*

---

119) G.H. Camerlynck, le contrat de travail, tome 1, 2ème édition, Dalloz, 1982, n° 260. Il renvoyait notamment à un arrêt de la chambre sociale de la Cour de cassation (5 mai 1970, Bull. civ. V, p. 250).

120) Cass. Soc., 19 mai 2009, Société Highflyer, 07-45.692 ; Note de Laurent Drai, Versement d'allocations complémentaires en cas de maladie, La Semaine Juridique Social n° 31-35, 28 Juillet 2009, 1355.

ou à temps partiel, non compris primes et gratifications »» (121).

Se basant sur cette convention collective, la cour d'appel de Paris (23 juin 2015) a trouvé mal fondée la réclamation d'une salariée. Une réclamation « *basée sur la moyenne des douze derniers mois de salaire en incluant les astreintes à domicile qui font l'objet d'une rémunération variable chaque mois en fonction du nombre d'intervention de la salariée et de leur durée, seule considérée comme du temps de travail effectif* ». La cour de cassation (11 mai 2017) a contredit la cour d'appel, car « *elle avait [pourtant] constaté que la salariée percevait chaque mois une rémunération variable au titre des astreintes à domicile* » (122).

Néanmoins, certaines primes ne sont pas prises en compte lors du maintien d'un salaire. Par exemple, un mécanicien Français de drague (de dragage) travaillait sur un chantier à Abu d'Habi. Le 13 septembre 1982, la SOCIÉTÉ SAINRAPT ET BRICE (son employeur) a dû lui organiser un rapatriement sanitaire en France. Environ une année ensuite (26 août 1983), parce que le chantier était arrivé à son terme, il fut licencié. Ce salarié s'est alors étonné de ce que, entre ces deux dates, la prime de dépaysement ne lui avait pas été versée. D'où la saisine de la juridiction prud'homale.

Tout en admettant à demi-mot n'avoir pas été dépaysé dans cet intervalle, puisqu'il été rentré dans son pays, il pointait une précipitation fautive de l'employeur dans sa décision d'évacuation sanitaire. D'après lui, « *son état de santé était compatible avec un travail à terre dans l'atelier de la société à Abu d'Habi où les conditions de vie étaient meilleures que dans*

---

121) Article 43 de la convention collective des bureaux d'études techniques, des cabinets d'ingénieurs-conseils et des sociétés de conseils.

122) Cass. Soc., 11 mai 2017, Société Psya, N° de pourvoi : 15-23.649. L'intéressée demandait un maintien de salaire pour les mois de janvier et février 2010.

ISSN 3096-8152

le golfe ». Sur ce point, la cour d'appel d'Aix-en-Provence lui a d'emblée donné tort (30 janvier 1990).

Peut-être ce salarié ramené prestement en France, auprès des siens et d'un système sanitaire performant, n'en avait-il pas immédiatement besoin. Mais, qu'aurait-il au contraire allégué si l'employeur s'était entêté à l'exploiter (à exploiter sa force de travail) dans le pays étranger et que, en définitive, sa santé se fût dégradée ? Or, la préservation de la santé du personnel est la première obligation (pas contractuellement, mais légalement) de tout employeur public ou privé (123). On parle d'obligation de sécurité de résultat. Cela, même quand le travailleur est un pompier ou un militaire (124).

---

123) Alexis Bugada, L'obligation de sécurité pesant sur l'employeur en matière prud'homale : obligation de moyen ou de résultat ?, La Semaine Juridique Social n° 48, 25 Novembre 2014, 1450 : « *De création prétorienne, l'obligation de sécurité de résultat issue du contentieux des accidents du travail et des maladies professionnelles surplombe aussi le contentieux prud'homal. Des décisions récentes font douter de l'unité et de l'intransigeance que l'on croyait attachées à son application. Ce panorama invite à reconsidérer la question, à s'interroger sur les fondements et l'intensité de cette obligation, sur la compétence et le pouvoir d'appréciation du juge du contrat de travail en général ainsi que des juges du fond en particulier dans leurs rapports avec la Cour de cassation* ».

124) Delhia AKNINE, L'indemnisation des préjudices imputables à une vaccination présentée comme obligatoire aux sapeurs-pompiers, Gaz. Pal. 15 janv. 2011, p. 33 ; Francis Mallol, L'indemnisation des victimes de la vie professionnelle, LPA 13 janv. 1997, n° PA199700603, p. 12. Aux termes de l'article R38 du Code des pensions civiles et militaires de retraite, « *le bénéfice de la rente viagère d'invalidité [...] est attribuable si la radiation des cadres ou le décès en activité surviennent avant la limite d'âge et sont imputables à des blessures ou maladies résultant par origine ou aggravation d'un fait précis et déterminé de service [...]* ». Matthieu BABIN, L'obligation de sécurité de résultat, nouvelle approche, La Semaine Juridique Social n° 2, 17 Janvier 2016, 1011 : « *L'obligation de sécurité s'inscrit bien dans une optique de prévention qui s'étend potentiellement à tous les risques ; mais elle n'a pas pour autant vocation à permettre*

La Cour de cassation aura partagé la décision des juges du fond (30 mars 1994). Le motif du rejet prononcé est que c'est dans l'exercice de leur pouvoir souverain que les conseillers aixois ont jugé que cette décision de rapatriement du salarié s'expliquait par son état de santé. Dès lors, c'est *« à bon droit que la prime dite de dépaysement ne pouvait être prise en compte pour le calcul de la rémunération du salarié durant la période où il se trouvait en France* » (125).

La Cour de cassation (23 mai 2013) a plutôt pensé qu'il aurait fallu « *rechercher, par une appréciation globale avantage par avantage, le régime d'indemnisation en cas d'arrêt de travail pour cause de maladie le plus favorable au salarié* » (126).

Plus d'une quinzaine d'années auparavant, un autre arrêt de la même juridiction (Union des Assurances de Paris) avait déjà ainsi jugé. En effet, y était-il dit, « la détermination du régime le plus favorable doit résulter d'une appréciation globale avantage par avantage » (127).

---

d'engager la responsabilité de l'employeur chaque fois que la santé du travailleur est menacée ou altérée ».

125) Cass. Soc., 30 mars 1994, Société Sainrapt et Brice, 90-43.161.

126) Cass. Soc., 23 mai 2013, Abraham c/ Elias, n° de pourvoi : 12-15.571. Emeric Jeansen, Fasc. 28-20 : MALADIE, JurisClasseur Travail Traité, 15 Janvier 2018, n° 19.

127) Cass. Soc., 17 janvier 1996, Union des Assurances de Paris, N° de pourvoi : 93-20.066, Bulletin 1996 V N° 15 p. 10. Dans cette affaire, il s'agissait de savoir s'il fallait appliquer l'Accord national du 10 décembre 1977 (lequel avait d'ailleurs acquis un caractère législatif du fait de son annexion à la loi n° 78-49 du 19 janvier 1978), ou bien plutôt appliquer un accord collectif adopté plus tard. À une époque où toute sa place hiérarchique était reconnue à la loi, face à une convention collective, l'arrêt précisait que l'onction législative intervenue ne faisait « pas obstacle à ce qu'une convention ou un accord collectifs dérogent à ses dispositions dans un sens plus favorable. Cela étant, « *la hiérarchie des normes est en crise. […]. Si la présence de ce principe peut être démontrée, tant d'un point de vue théorique que dans le droit positif, son influence soulève en revanche de*

multiples interrogations » (Pascal PUIG, Hiérarchie des normes : du système au principe, RTD civ. 2001. 749).

RÉFLEXIONS SUR LE TRANSPORT OU LE LOGEMENT DE SON PERSONNEL

Clotaire MOULOUNGUI
Maître de conférences hors classe à l'ULCO (académie de Lille)
Ancien Chef du Département Gestion des Entreprises et des Administrations
Responsable de la licence professionnelle Métiers de la Gestion et du Social

Résumé : Les travailleurs rencontrent des difficultés pour se loger, ainsi que pour se rendre au lieu de l'activité professionnelle. C'est alors qu'un employeur paternaliste voudra les aider en leur offrant un logement, ou bien en assurant leur transport. Les deux partenaires en sortent généralement gagnants tous les deux. Le problème vient toutefois de la jalousie ou de l'incompréhension de ceux des travailleurs qui ne bénéficieraient pas de tels avantages. Sans compter que les bénéficiaires ne sont pas toujours reconnaissants, puisqu'ils sont susceptibles d'entamer des procès en dommages-intérêts contre l'employeur.

Mots clefs : Transport du personnel ; logement de fonction ; jalousie entre travailleurs ; vie privée du salarié ; participation du travailleur.

Abstract : Workers face difficulties finding accommodation and getting to their place of work. This is when a paternalistic employer will want to help them by providing housing or providing transportation. This generally benefits both partners. The problem, however, stems from the jealousy or misunderstanding of those workers who do not benefit from such advantages. Not to mention that the beneficiaries are not always grateful, since they are likely to sue the employer for damages.

Keywords: Staff transportation; company housing; jealousy between workers; employee privacy; worker participation.

§§§§§§§§§§§§§§§§§

La persistance de patrons sociaux.

Pour les rédacteurs du Code civil, les fondateurs d'une société entendaient réaliser des bénéfices ou, au minimum, réaliser des économies. Ensuite, diverses perceptions de la société seront apparues. Celle-ci était alors plus ou moins lucrative ou cupide (128). En tous cas, il a semblé important de tenir compte des hommes et des femmes qui œuvraient dans la société ; c'était un collectif à considérer.

Certes, le concept gaullien de participation aura quasiment échoué au contraire de ce qui se sera passé outre-Rhin (129). Aujourd'hui une nouvelle dimension de la société a vu le jour. Effectivement, la société (surtout d'une certaine taille) a une responsabilité sociale et environnementale.

De tous temps, l'employeur s'est toujours arrangé pour que son personnel parviennent sans encombre jusqu'au lieu de l'activité. Du reste, même s'il n'entend nullement les assistantes sociales, l'employeur réalise parfaitement que la pleine disponibilité de ses travailleurs dépend parfois de lui-même. Dans son propre intérêt, il n'hésitera donc pas à leur

---

128) https://irdeme.org/le-but-de-l-entreprise-est-il-de-faire-du-profit/; https://www.hbrfrance.fr/management/entreprise-quelle-mission-au-dela-de-la-maximisation-des-profits-60150; https://www.contrepoints.org/2017/02/06/280027-responsabilite-sociale-et-profit-des-entreprises.

129) https://www.cfdt.fr/mes-droits/actualites-juridiques/les-normes-en-droit-du-travail/dialogue-social-le-modele-allemand-de-cogestion-de-quoi-parle-t-on; Benjamin DABOSVILLE, La négociation collective, instrument de justice sociale ? Perspective de droit allemand, Droit social 2024. 793.

faciliter la vie (130). D'ailleurs, l'avantage offert n'est pas totalement gratuit. Ne serait-ce que du fait que le travailleur devra parfois lui aussi mettre la main à la poche.

I. – Les réflexions sur le transport du personnel par l'employeur

17. – Le caractère récurrent de la pénurie de logements.

Curieusement, les gens des villes envient les campagnards. Au point d'avoir parfois tenté de s'y installer pour mener une vie humble et laborieuse. Mais les intéressés rêvent des lumières de la ville ; d'où le fameux exode rural. Faute de pouvoir se déplacer parce que l'on était chargé de famille, des villageois y envoyaient leurs progénitures en forme d'espoir économique pour la famille. Ces jeunes étaient malheureusement soumis à bien de forfaits et déboires ; en particulier l'exploitation de l'homme par l'homme.

Il n'y a pas particulièrement longtemps, le défaut de garde-robes fournies faisait que l'on reprisait ses chaussettes et tricotait ses pulls. Quelques chanceux avaient des vêtements du dimanche, essentiellement pour la messe. Afin d'éviter d'avoir des personnels en haillons, les employeurs auront décidé de les habiller. Chaque profession ou entreprise était ainsi reconnaissable à sa tenue de travail. Ce secours vestimentaire a progressivement reflué avec l'enrichissement de la société (131).

---

130) Raphaël COIN, Vers un élargissement d'une relation de confiance modernisée : une approche gagnant-gagnant de la vérification des entreprises, Droit fiscal n° 4, 25 janvier 2018, 137.

131) Clotaire MOULOUNGUI, Management des tenues de travail, L'Harmattan, 2006 ; L'artisan, l'habillement du personnel et le droit, *Marché et organisations,* N° 1(1), 163-179. https://doi.org/10.3917/maorg.001.0163.

Compte tenu de la douceur et de la serviabilité des filles, elles se retrouvaient à l'hôpital pour des besognes plutôt viles. Les filles conduites à l'usine semblaient pourtant les envier (132). Il n'empêche que lorsqu'elles en avaient l'occasion, nos hospitalières s'en aller le plus loin possible ; y compris aux Amériques, ou plus précisément à la Nouvelle-France, le Québec (133).

Le sort des garçons aura toujours été plus rude, car ils travaillaient à l'extérieur, c'est-à-dire exposés au frimât de l'hiver ou au soleil d'été. Ils avaient notamment ces occupations : garçons de ferme ; tambours dans l'armée ; mousses dans des navires au long court.

Dans ces cadres, le repos et le sommeil étaient vite interrompus. D'ailleurs ils dorment souvent sur une paillasse les uns sur les autres. Le logement personnel offert par l'employeur représentait quasiment une bénédiction du ciel. Ce bienfait jouait alors positivement sur leur disponibilité professionnelle.

On lit dans un rapport d'il y a une centaine d'années que : « *En ce qui concerne l'absentéisme dû à l'éloignement de la mine du domicile de l'ouvrier, il n'est pas douteux que la provision systématique de logements ouvriers situés à proximité de la houillère contribuerait grandement à la réduire, en même temps qu'elle restreindrait aussi les mutations [turn over] du personnel* » (134).

---

132) Christian CHEVANDIER, (2020) . Travailler à l'hôpital : un siècle et demi de reconfigurations des métiers. Revue française d'administration publique, N° 174(2), 317-328. https://doi.org/10.3917/rfap.174.0021.

133) Nelson Martin DAWSON, Les filles à marier, envoyées en Nouvelle-France (1632-1685), Une émigration protestante ? Revue d'histoire de l'Église de France Année 1986 189 pp. 265-289.

134) The Ministry of labour Gazette, Les causes d'absentéisme parmi le personnel des houillères [en Grande-Bretagne], Revue de l'industrie

18. – L'intérêt du patron en cas de logement du personnel.

Tous les employeurs ne fondent pas leur existence sur la quête du profit. L'affirmation va de soi quant la personne morale qui est l'employeur public n'est pas un EPIC ou bien un SPIC, en gros une entreprise publique.

Il est vrai par ailleurs que nombre de personnes morales de droit privé n'ont pas la réalisation de bénéfices comme seule boussole de leur activité. Cela ne se discute nullement pour un parti politique, pour une association, pour une fondation ou pour un syndicat.

N'empêche que les uns et les autres accomplissent parfois des actes de commerce ; notamment acheter pour revendre. En toute hypothèse, que l'employeur ait un but lucratif ou non, il se rend service en se préoccupant de l'hébergement de ses salariés. Car leurs raisons de quitter la structure de travail pour une autre diminuent certainement.

Comme nous l'avons déjà dit, en cas de grève des transports en commun, l'AP-HP prend des mesures palliatives pour que son personnel se déplace quand même vers leur poste de travail. La même recherche de solutions a cours en cas d'intempéries, notamment lors épisodes neigeux (135). Elle utilise en effet certains de ses lits hospitaliers pour l'hébergement ponctuel du personnel. La question de l'insuffisance des lits agite régulièrement les médias convaincus (à tort) qu'il faudrait penser à acquérir de sommiers et de matelas (136).

---

minérale / publiée par la Société de l'industrie minérale, mars 1929 (traduction du numéro de septembre 1928).

135) Thomas QUÉGUINER, https://abonnes.hospimedia.fr/articles/20191203-dialogue-social-l-ap-hp-veut-parer-la.

136) Dans un hôpital un lit est aussi le groupe de soignants à réunir pour s'occuper correctement du malade hospitalisé.

Dès la deuxième des facultés de droit, l'étudiant sait distingue les contrats synallagmatiques des contrats de bienfaisance. Les premiers obligent chacune des deux parties contractantes à quelque chose envers son partenaire. Dans les seconds, l'intervention de l'une des parties est gratuite ; il n'attend rien de matériel de la part de son cocontractant. Encore que l'intérêt moral puisse par ailleurs être poursuivi par tous (137). Il arrive même qu'un contrat de bienfaisance, a priori contrat unilatéral, se mue en contrat bilatéral (ou synallagmatique). Tant chacun serait intéressé.

Dans ces conditions, où situer la sollicitude patronale ? Certes, des zones intermédiaires doivent certainement exister entre l'indifférence au profit à sa quête effrénée. De la part d'un employeur, l'interrogation débordera le cadre purement philosophique ci-dessus. En effet, plusieurs branches du droit pourront être mobilisées. C'est le cas des règles contenues dans le code civil à propos de la responsabilité ou des libéralités (138) ; c'est aussi le cas des dispositions fiscales (139).

---

137) S'agissant de l'esclavage moderne, il faut savoir que : « *la soustraction du passeport rend explicite le fait que les bons traitements prodigués et les prêts d'argent ont pour contrepartie l'obligation de travailler pour les prétendus bienfaiteurs. Or ces derniers vont décider unilatéralement d'utiliser la force de travail de leur obligé comme caution de son obligation* » (Bénédicte LAVAUD-LEGENDRE, Travailleurs sans-papiers, entre respect de la dignité et non-discrimination, Rev. trav. 2020. 210).

138) Grégory DUMONT, La mise à disposition d'un logement en contrepartie du paiement de charges exclut l'existence d'une donation, Gaz. Pal. 15 juin 2013, n° 134r9).

139) https://www.cheuvreux.fr/actualites/les-consequences-civiles-et-fiscales-dune-mise-a-disposition-gratuite-dun-immeuble-au-profit-dun-associe-dune-societe-civile-patrimoniale/; https://www.lexbase.fr/article-juridique/107582111-jurisprudencelamiseadispositiongratuitedelimmeublesocialaubeneficedesassociesdunesci.

ISSN 3096-8152

19. – Les intérêts du personnel bénéficiaire du transport patronal.

L'usage des transports en commun n'est pas de tout repos pour leurs usagers. Si notre transporteur nous en préserve cela ne peut être qu'une bonne chose (140). Non seulement les personnels concernés s'évitent divers inconvénients, mais en plus, des avantages supplémentaires s'y rajoutent. Par exemple, les salariés n'auront plus à se précipiter vers une station de bus ou de métro puisqu'un véhicule les entendra.

Ils pourraient même dormir jusqu'à l'extrême limite de l'heure de passage de leur navette. Mieux, ils pourront tranquillement continuer de dormir dans le confortable véhicule les conduisant au travail. Certains préféreront déjà commencer et poursuivre l'étude d'un dossier, tandis que d'autres s'amuseront avec un jeu électronique.

Une fois la journée de travail terminée, les salariés rentrent rapidement chez eux, en se passant des transports en commun rares et dès lors bondés. En arrivant plus vite chez soi, l'on peut utiliser le temps libéré pour sa famille, pour ses loisirs, etc. La pratique des activités sportives ou culturelles. Ne serait-ce qu'y assister comme spectateur ou public devient envisageable grâce à au gain de temps finalement offert par l'employeur.

Au fond, les intéressés disposent aussi de temps pour leurs tâches domestiques. Or les femmes ont trop souvent une double journée à accomplir. En effet, après le travail rémunéré à l'extérieur, elles doivent se coltiner la cuisine, la lessive, etc. En tous cas, elles peuvent espérer finir plus tôt pour souffler un peu.

140) Marie ANGLADE, Prise en charge des frais de transport, JS 2021, n°220, p.47.

II. – Les réflexions sur le logement du personnel par l'employeur

20. – La critique de l'implication patronale dans le logement ou le transport.

Lorsqu'une entreprise est bien desservie par les transports en commun, elle pourrait ne point se préoccuper du transport de son personnel. Ce souci n'existera pas non plus si ce personnel habite à proximité. En pratique ces deux conditions se cumulent rarement. Aussi assurer le transport de ses salariés apparaitra-t-il comme un élément participant à l'attractivité de l'employeur. Voilà celui-ci se chargera financière du transport du personnel.

Malgré le retour des plans de licenciements et donc du chômage, les employeurs ont besoin de plaire aux candidats qu'ils recherchent. Une entreprise située loin des chemins battus attirera toujours moins que ses concurrentes situées près d'un nœud ferroviaire ou autoroutier. Cette faiblesse sera alors compensée par la mise en place d'un service de desserte au profit des salariés.

On notera dans cette optique qu'une société bretonne offre aux employeurs de son voisinage régional d'acheminer leur personnel. Trois arguments sont mis en avant par leur publicité. À savoir la sécurité et le confort du personnel, ainsi que sa venue à temps (ponctualité) au travail. Comme il y a forcément moins de carburant brûlé quand les salariés renoncent à leurs véhicules personnels, un argument écologique peut achever de convaincre les employeurs démarchés (141).

---

141) http://www.maury-transports.com/61-l-entreprise/206-le-transport-de-personnel.html

ISSN 3096-8152

21. – Le rappel des intérêts d'un acheminement de son personnel.

Encore une fois, le gain de temps est le plus objectif poursuivi par l'employeur qui met un service de transport en faveur de son personnel. Mais il se trouve que ce personnel bénéficie au passage d'une sécurité dans le déplacement, de même que d'un confort. La reconnaissance envers l'employeur et son image de marque y gagnent forcément. En tous cas, la loyauté du personnel pourrait entraîner une plus grande productivité.

Plus généralement, les employeurs se préoccupent des « *temps et lieu de la vie personnelle* » de leurs salariés. Selon la Directrice des Relations sociales de la multinationale L'ORÉAL en voici les raison : « *le renforcement de l'attractivité de l'entreprise, la fidélisation des collaborateurs, le bien-être, la baisse de l'absentéisme, le développement de la motivation et donc de la performance, la nécessité de tenir compte des évolutions culturelles et sociologiques* » (142).

Assurer le transport de son personnel est sans doute intéressant pour l'employeur et pour ses travailleurs. Toutefois, sa mise en œuvre peut être freinée par des considérations économiques. Cela pourrait devenir un gouffre financier. Mais peut-être que s'adresser à un spécialiste et lui déléguer cette tâche aboutira-t-il à une réduction des coûts (143). Fiscalement, l'employeur pourrait être par ailleurs gagnant (144).

---

142) Françoise SchoeNBERGER, Temps et lieu de la vie personnelle, temps et lieu de la vie professionnelle, Droit social 2010 p.31.

143) BOIS, Clément, Gérardin et Valère, Le ramassage ouvrier dans le département de l'Isère, novembre 1978. Selon ces auteurs : « *Le choix entre compte-propre et sous-traitance n'est pas exclusif ; puisque 13,4 % des établissements optent pour une solution mixte* ». Cf. http://temis.documentation.developpement-durable.gouv.fr/docs/Temis/0004/Temis-0004973/5512.pdf ().

144) Selon le Conseil constitutionnel, le législateur peut faire un sort plus favorable aux « *employeurs qui organisent le logement de leurs salariés sur*

22. – L'immixtion d'antan sur la vie privée de son personnel infantilisé.

C'est apparemment en France que le paternalisme aura connu ses jours de gloire. Quoiqu'on en pense aujourd'hui, l'on admettra que l'employeur était omniprésent dans la vie de ses salariés ; y compris leur vie personnelle et familiale. Il est évident que la société actuelle ne l'accepterait plus : une nette césure doit exister entre le monde du travail et le monde extérieur à son entreprise (145).

Rétrospectivement, l'on se demandera comment le règlement intérieur ci-dessous aura pu exister dans une entreprise de Tourcoing en 1830. En l'occurrence, l'employeur avait prévu des dispositions sur les tenues vestimentaires et l'hygiène, sur la tempérance (limitation de l'alcool et du tabac), sur la ponctualité, et même sur la piété (catholique). Pourtant la liberté religieuse avait été proclamée par la Déclaration des Droits de l'Homme et du Citoyen en 1789.

L'on notera que les droits et libertés qui y figurent s'imposent à l'employeur. Sauf dans des cas exceptionnel il ne saurait y déroger. Il poursuivra en l'occurrence un objectif licite, et la mesure prise sera proportionnée à l'atteinte de cet objectif.

Cela étant, à l'époque, il n'y avait pas la liberté vestimentaire, ni les pauses, repos et congés. La législation sociale en était à ses balbutiements. D'ailleurs, les employeurs étaient sceptiques, sinon absolument hostiles. Tous attendaient des travailleurs

---

le lieu de travail ou qui prennent en charge intégralement et à titre gratuit leur transport collectif et, […], ceux qui ne supportent aucune de ces charges » (Cons. const., 30 mars 2017, n° 2016-622 QPC, *S*[té] *SNF*).

145) Anne-Marie LEROYER, La proportionnalité des atteintes à la vie privée des salariés, RTD civ. 2024. 376.

qu'ils améliorassent leur productivité ou rendement ; « *en compensation de ces conditions utopiques* » (146).

Au sortir de la seconde guère mondiale, plusieurs évolutions économiques et sociales auront commencé en France. Parmi celles-ci, il y aura eu le confinement du pouvoir patronal dans l'enceinte de son entreprise (147). De plus, les employeurs ne géraient plus d'œuvres sociales, les comités d'entreprise devant en effet s'en occuper. D'autres institutions sociales de composition paritaire (patronat/syndicats) seront nées en vue de cette gestion.

Curieusement, la vie privée qui avait retirée de l'appréciation critique de l'employeur lui est parfois soumise par le travailleur lui-même. Il lui parlera en effet de sa maladie, de celle des siens, de son mariage ou de celui de son enfant, etc. La raison de ce déballage plus ou moins indécent est la recherche de certains avantages subordonnés à des situations précises (148).

Si l'employeur a perdu sa toute puissance, il n'en demeure pas moins l'une des chevilles ouvrières des institutions sociales de l'entreprise. C'est souvent lui qui en est le président (149). Le comble est que certaines d'entre elles ont la personnalité morale et devraient donc être indépendantes de l'employeur. La théorie de la personnalité juridique fait que la personne morale créée devient indépendante de ses créateurs.

Au total, l'employeur reste au courant des joies et des malheurs qui surviennent dans la vie privée de ses salariés. Ceux

---

146) Roger BAZIN, Organiser les sessions de formation, Partie connaissance du problème, ESF éditeur, 1994.

147) Jean-Jacques DUPEYROUX, Quelques questions [autour de Liberté, Égalité, Fraternité], Droit social 1990. 9.

148) Lise CASAUX-LABRUNÉE, Vie privée des salariés et vie de l'entreprise, Droit social 2012. 331.

149) Maurice COHEN, Le président du comité d'entreprise participe-t-il à l'élection du secrétaire de ce comité ? Droit social 2001. 29).

d'entre eux qui sollicitent une aide financière (à l'employeur ou au CES) finissent par exposer leur vie privée pour convaincre les dispensateurs des aides. Ne serait-ce que par l'intermédiaire de ses représentants, l'employeur participe à la définition des critères de bénéfice des droits matériels et financiers à reconnaître aux salariés par les conventions collectives et les accords d'entreprise.

Ces contrats collectifs portent par exemple sur les prestations en cas de veuvage, de retraite, de chômage, d'invalidité, etc. (150). Selon les partis politiques de gauche (et les syndicats dont ils d'ailleurs proches) de tels avantages relèveraient du "*salaire différé*" (151). Puisque le bénéfice de ces avantages est ainsi donc remis à plus tard, il est permis d'imaginer qu'ils auraient pu être immédiatement servis aux travailleurs. Leur reconnaissance ultérieure ne serait nullement une faveur ultime au profit des bénéficiaires.

D'ailleurs, comment justifier ce décalage temporel ? L'on n'ose pas dire qu'il s'agit de préserver le salarié contre ses propres turpitudes et son indifférence pour le lendemain. Peut-être convaincu par la perspective de "lendemains qui chantent", ou contraint par ses faibles moyens, le travailleur ne planifie pas son avenir financier à longue échéance. L'idée d'une retraite par capitalisation ne saurait par conséquent s'impose à son esprit. C'est dire que le caractère universel et automatique de la retraite par répartition lui convient davantage.

Dit autrement, par SAUVY, « *en répartition, nous ne préparons pas nos pensions [de retraite] par nos cotisations, mais par nos*

---

150) Jean-Pierre Frey, Le rôle social du patronat. L'Harmattan, 1995. Disponible sur internet.

151) Pour une approche en pur droit : Code rural et de la pêche maritime, *Sous-section 3 : Le contrat de travail à salaire différé (Articles L321-13 à L321-21-1).*

ISSN 3096-8152

enfants » (152). Tout au contraire, la retraite par capitalisation suppose que l'on se représente sa fin de carrière parfois encore si éloignée. De toutes façons, quand on est rémunéré au SMIC ou à peine au dessus, l'on ne fait pas d'économie à la fin du moins ; pas de thésaurisation possible (153).

Les partisans de la liberté à outrance (les libertaires, notamment aux USA) sont contents de pouvoir dire en ces cas que le salarié n'est qu'un grand enfant. Dès lors, son employeur serait un pater familias. Un ami de l'Amérique, TOCQUEVILLE, aura parlé (par anticipation) de peuple « *sous tutorat politique* ». Il prophétisait que le peuple s'en remettrait bientôt à un État protecteur, ou à un État-providence comme l'on dira bien plus tard (154).

152) Jacques BICHOT, Brève histoire critique de notre assurance vieillesse, RDSS 2019. 318.

153) Yannick MOREAU et Franck VON LENNEP, Que nous enseignent les comparaisons internationales en matière de retraite ? Droit social 2004. 1123.

154) Cité par Jean De MUNCK, Les trois crises du droit du travail, Droit social 1999. 443.

LA QUÊTE D'UN FONCTIONNEMENT CONTINU DES STRUCTURES

Clotaire MOULOUNGUI
Maître de conférences hors classe à l'ULCO (académie de Lille)
Ancien Chef du Département Gestion des Entreprises et des Administrations
Responsable de la licence professionnelle Métiers de la Gestion et du Social

Résumé : Les clients ou les usages de structures aimeraient pouvoir s'y rendre presque n'importe quand. Soucieux de cette demande l'Administration s'est donné une obligation, laquelle revient à offrir un fonctionnement continu du service public. Même si les organismes privés ne sont pas mus par l'intérêt général, ils ne tiennent pas moins à cette idée d'une activité permanente. Car c'est de la sorte qu'ils peuvent réaliser le maximum de profits.

Mots clefs : Principe de continuité ; satisfaction de l'intérêt général ; souci de rentabilisation ; droit de grève ; absentéisme.

Summary: Customers or users of structures would like to be able to go there almost anytime. Mindful of this demand, the Administration has given itself an obligation, which amounts to providing continuous operation of the public service. Even if private organizations are not driven by the general interest, they are no less attached to this idea of permanent activity. Because this is how they can make the maximum profits.

Keywords: Principle of continuity; satisfaction of the general interest; concern for profitability; right to strike; absenteeism.

§§§§§§§§§§§§§§§§§

La permanence du travail depuis la fée électricité. Dans les bourgades, comme d'ailleurs dans les villes moyennes, la vie économique et sociale s'arrête à la nuit tombée. En revanche, les métropoles ne connaissent presque jamais d'arrêt complet de l'activité professionnelle. Celle-ci se poursuit en effet jour et nuit, y compris les dimanches et les jours de fête.

Cependant, la fête du travail (le 1er mai) est le jour de fête où l'on ne doit jamais travailler (pour autrui et pour de l'argent) ; sauf exceptions légales ou urgence incontestable. La Cour de cassation précise que : « *le "1er mai" qui se définit par sa date et non simplement par une durée consécutive de 24 heures, ne peut s'entendre que comme un jour civil calendaire commençant à 0 heure et finissant à 24 heures sans qu'il puisse en être donné une définition variable en fonction des horaires en vigueur dans l'entreprise* » (155). En l'espèce, le conseil de prud'hommes aurait dû reconnaître une violation de la loi par un employeur qui avait cru pouvoir faire travailler son personnel de minuit à cinq heures du matin (156).

La permanence du travail remonte à la révolution industrielle ; et surtout depuis l'arrivée du courant électrique comme énergie. Un discours professoral, mais néanmoins poétique (de Jean-Emmanuel RAY), l'exprime en ces termes : « *Les quatre saisons et l'heure de l'Angélus qui rythmaient la vie de nos arrière-grand-pères ont disparu avec la naissance de la machine à vapeur et de la fée électricité. L'homme a ainsi déconnecté le temps laborieux du temps des saisons, et la nuit d'un temps de repos plus ou moins forcé, permettant au salariat de connaître un exceptionnel succès* » (157). Comme l'indique aussi un autre

---

155) CASS. SOC., 8 mars 2007, n° 05-44330, SOCIÉTÉ FREUDENBERG.

156) Cf. Carole LEFRANC-HAMONIAUX, Le 1er mai se définit par sa date, *La Semaine Juridique Social* n° 17, 24 Avril 2007, 1292.

157) Jean-Emmanuel RAY, De temps... en temps, Droit social 2000. 241.

auteur, l'électricité a permis « *l'éclairage puis le développement de toutes les implications domestiques et industrielles de la "fée électricité"* » (158)

Le salariat (cette vente continue de sa force de travail) revenait alors à quitter la ruralité pour gagner les espaces de production dans lesquels des investisseurs concentraient des travailleurs autour de matériels et outillages. Un tel travail permanent visait d'abord à faciliter la rentabilisation rapide de machines dont l'amortissement comptable nécessitait des années d'exploitation fructueuse (I.). Pourtant, des structures qui ne poursuivent nullement l'obtention de profits attendent une fidélité des leurs personnels à leurs postes de travail. L'explication est alors à trouver du côté de la satisfaction d'un besoin d'intérêt général (II.).

I. – La continuité pour la rentabilité de l'investissement.

12. – La coïncidence des intérêts du producteur et du consommateur.

Dès les premières années de la révolution industrielle, l'espoir des investisseurs aura été que la demande (par des clients) de leurs biens et services crût encore et encore. Une croissance en symbiose avec la civilisation moderne dont la publicité (la réclame) dictait et avivait les besoins individuels et collectifs à satisfaire. Bref, conviennent les professeurs AUZERO, BAUGARD et DOCKÈS : « *Souci des employeurs d'amortir leur matériel et exigences de la clientèle se conjuguaient pour imposer un travail quotidien* » (159). Et, naturellement, sans du tout

158) Pierre SABLIÈRE, Électricité et communications électroniques, AJDA 2006. 1196).

159) Gilles AUZERO, Dirk BAUGARD et Emmanuel DOCKÈS, *Droit du travail, Précis Dalloz*, 2018, n° 901.

d'absentéisme ou d'accroc aux plannings ; la disponibilité des facteurs de production étant impérative...

On peut ici comprendre l'hostilité à l'existence d'un droit du travail protecteur de la main-d'œuvre. De fait, pour la théorie libérale, « *le droit du travail constitue un coût pour l'entreprise non pas en tant que tel mais parce que son application, toujours incertaine, déjouerait les calculs effectués par l'employeur, individu rationnel et calculateur (sans connotation péjorative)* » (160)

14. – La réification de l'humain, facteur de production et consommable.

Pour rendre son *"business modèle"* effectif, le capitaliste s'assure constamment du bon état de fonctionnement des machines ; et il jauge régulièrement le niveau de ses réserves en matières premières ou en produits semi-finis. Son troisième facteur de production est l'être humain. Si autrefois l'on parlait de main-d'œuvre ou de personnel, l'on préfère dorénavant l'expression de *"ressources humaines"* (RH). Certains ont pu s'offusquer d'une pareille réification (ou chosification) des hommes et des femmes, malgré le rôle socialement appréciable du travailleur et du travail.

De fait, les humains sont des êtres grégaires souvent heureux d'agir dans des collectifs. Or une collectivité de travail recommence chaque jour et dure des années. L'individu pourrait ainsi choisir de travailler en vue seulement de bénéficier de la chaleur humaine du groupe. D'ailleurs, des personnes qui avaient gagné au loto, et qui n'avaient plus besoin de gagner leur vie en travaillant, ont parfois conservé leur activité professionnelle d'antan. Oui, dit la Française des

---

160) Elsa PESKINE et Cyril WOLMARK, Droit du travail 2024, HyperCours, Dalloz, n° 26).

Jeux (la FDJ) : *« Si certains, après avoir mûrement réfléchi, choisissent effectivement de quitter leur travail pour vivre d'une passion, beaucoup ont décidé de continuer de travailler pour ne pas changer leurs habitudes* » (161).

Il y a plus d'une soixantaine d'années, une sociologue avait observé que : « *L'économie moderne demande un contingent de main-d'œuvre aussi régulier que la marche des machines et l'approvisionnement en matières premières. Mais la main-d'œuvre se compose d'hommes et de femmes qui, tout en ayant besoin de leur salaire pour vivre, ont en même temps toutes sortes de mobiles propres, étrangers au travail, qui peuvent entrer en conflit avec l'exigence d'une présence absolument régulière. Ce conflit peut se situer pour les individus à divers niveaux, du biologique au social, mais lorsque les accidents individuels s'effacent dans des moyennes, il se reflète dans des taux d'absence dont les variations d'une catégorie de main-d'œuvre à une autre sont importantes* » (162).

Or l'évolution n'est peut-être pas à davantage d'humanisme. Puisque, souligne le Pape FRANÇOIS (dénonçant « *la dictature de l'économie sans visage* »), *« l'être humain est considéré aujourd'hui comme étant lui-même un bien de consommation qu'on peut utiliser, puis jeter »* (163). Cela étant, administrer des êtres humains est autrement plus complexe et déstabilisant que gérer des choses (des marchandises, des matières premières). La raison est que les humains

---

161) https://www.fdj.fr/mag/quelle-vie/vie-gagnants/travaillent-toujours).

162) Vivianne ISAMBERT-JAMATI, Adaptation au travail et niveau de qualification des femmes salariées, Revue française de sociologie, Vol. 1, No. 1 (Jan. - Mar., 1960), pp. 45-60 ; Sciences Po University Press on behalf of the Association Revue Française de Sociologie ; https://www.jstor.org/stable/3320066).

163) https://doc-catho.la-croix.com/Urbi-et-Orbi/Documentation-catholique/Largent-doit-servir-non-gouverner-rappelle-pape-Francois-experts-europeens-Moneyval-2020-10-14-1201119431.

renferment des failles physiques ou psychologiques. De sorte que même s'ils ont grandement besoin d'un salaire, cela ne signifie pas forcément qu'ils occuperont toujours assidument leur poste de travail (pourtant source de la rémunération). Ces faiblesses individuelles finissent pas se transformer en des chiffres, en des taux, et en des moyennes qui révèlent (et nourrissent) la quantophrénie des gestionnaires et des sociologues. En tous cas, les employeurs se préoccupent énormément des variations des indicateurs relatifs à l'absentéisme.

La quantophrénie est la frénésie de tout quantifier, de tout traduire en chiffres. Dans les relations sociales, cette volonté n'est pas toujours une qualité à encourager. Effectivement : « *Lorsque la quantophrénie de la gestion est à l'œuvre et que parallèlement les frustrations individuelles guidées par le seul souci de réussite sociale génèrent une demande de plus d'humanisme, comment le service entend-il répondre à cela, que ce soit dans nos missions quotidiennes ou bien dans la préparation de nos propres personnels ?* » (164).

15. – L'incitation au travail et la motivation par un bon salaire.

Des millions de personnes sont conduites à s'assurer une source de revenu en se mettant au service d'autrui, car notre société de consommation fonctionne sans autosuffisance personnelle ni autarcie individuelle. Mais la modicité du salaire prévu peut installer les intéressés dans la survie économique. Ils n'ont alors guère la possibilité d'épargner et, moins encore, d'envisager de parfois se passer de travailler. À cet égard, sans doute leurs employeurs redoutent-ils le versement d'une

164) François VALLIER, Les attentes du secouru dans la société contemporaine, *RDSS* 2018. 233). Nicolas D'HERVÉ, La magistrature face au management judiciaire, *RSC* 2015. 49 : « *quand la qualité se transforme en quantophrénie ; quand l'excellence se traduit en exigence du toujours plus* ».

rémunération juste et confortable. Car cela serait susceptible de faciliter l'absentéisme de salariés repus. Les investisseurs financiers craignent par ailleurs de retarder ("*par cette générosité inconsidérée*") le moment d'espérer rentrer dans leurs fonds. Or c'est un objectif fondamental à atteindre avant la mise au rebut des machines chèrement acquises qui, avec le temps, se seront détraquées ou bien seront devenues obsolètes.

Au reste, l'entreprise qui entend verser des dividendes aux investisseurs doit s'obliger à diminuer au maximum ses dépenses apparemment inutiles. En pratique : « *Conseil en réduction de charges, optimisation, management des coûts, "cost consulting", audit des coûts sociaux, conseil opérationnel en gestion des risques professionnels, etc. Les sociétés d'audit et de conseil, aidées en cela par les techniques modernes de marketing, rivalisent d'imagination pour nommer leurs activités sous un vocable neutre ou commercialement avantageux afin d'éviter de s'attirer les foudres de la Cour de cassation quant au respect du périmètre du droit* » (165).

La conciliation de l'intérêt des travailleurs et celui des capitalistes apparaît donc difficile. À cet égard, dirait peut-être Rafael Encinas de Muñagorri : *« Même sans esclavage conventionnel, l'exploitation de l'homme par l'homme demeure »* (166). Plus généralement, « l*a mise au travail salarial repose sur la capacité de l'employeur d'organiser au mieux le travail du salarié pendant le temps payé, c'est-à-dire de la façon la plus rentable* » (167). Cette réalité se vérifie aussi, et peut-être

---

165) Haïba OUAISSI, De l'illicéité à la nullité des conventions d'audit : la fin des cost-killers ?, La Semaine Juridique Entreprise et Affaires n° 40, 3 octobre 2013, 1528).

166) Rafael ENCINAS DE MUÑAGORRI, Existe-t-il une liberté de ne pas travailler ? Droit social 2020. 416).

167) Danièle LINHART et Aimée MOUTET, Le travail nous est compté, La Découverte, 2005).

surtout, dans les contrées où la révolution industrielle n'en est encore qu'à ses balbutiements (168). Pourtant, la médiocrité des rémunérations explique souvent la démotivation, puis les grèves et l'absentéisme. Effectivement, « *le salaire peut être un élément de démotivation s'il est trop bas par rapport à un marché, par rapport aux besoins de l'agent ou encore par rapport à sa propre perception de sa valeur. A l'inverse, il est motivant s'il est juste et corrélé à la mission du poste, avec des objectifs* » (169).

Grâce à l'approche annoncée du plein emploi les employeurs prennent mieux en compte les questions de motivation et de fidélisation de leurs personnels. Mais comme en forme de recommencement de la vie sociale, l'on avait pu relever que : « *Les hausses de salaires seront au cœur de la mobilisation du 29 septembre [2022] à l'initiative de la CGT. Malgré des augmentations significatives en 2022, les syndicats dénoncent une perte de pouvoir d'achat et la multiplication des primes* » (170). Trois plus tard, le refrain demeure inchangé.

16. – De la rémunération à la tâche, à la rémunération au temps.

Pendant longtemps, le paiement à la tâche donnait droit à une somme proportionnelle à la production journalière, hebdomadaire, etc. Dans les houillères, par exemple, le

168) Fabio VITI, Travailler pour rien : L'apprentissage en Côte-d'Ivoire urbaine (Abidjan, *Cahiers d'Études Africaines*, Vol. 45, Cahier 179/180).

169) Aude FOURNIER et Johan THEURET, La rémunération des agents territoriaux : du service fait à la reconnaissance individuelle et collective, AJCT 2018. 547). « *Le salaire ou les éléments dits "de compensation" au sens large sont un des éléments de la motivation des salariés. Mais ils sont loin d'être les seuls* » (https://www.coindusalarie.fr/salaire/motivation-conseil).

170) https://www.la-croix.com/Economie/Greve-29-septembre-question-centrale-salaires-courent-derriere-linflation-2022-09-29-1201235405). Par Julie de la BROSSE.

mineur de fond était rémunéré selon son tonnage de charbon (récolté à la main !). Dans cet écosystème, les employeurs s'inquiétaient à peine d'une éventuelle paresse des ouvriers : rien ne leur était dû à défaut d'activité utile pour autrui. Cela était plus vrai encore à propos des travailleurs à domicile. Il faut se rappeler que ce « *producteur [à domicile] ne maîtrise pas l'écoulement des produits sur le marché ni les tarifs à façon qui lui sont imposés. Sa dépendance vis-à-vis du marchand est d'autant plus forte que la matière première qu'il travaille est difficilement accessible, importée de loin* » (171). Dans cet univers alors sans SMIC (annuellement revalorisé), il fallait toujours travailler davantage pour gagner un peu plus.

Mais peut-être ne faut-il pas complètement en parler au passé, à croire le professeur Pierre-Yves VERKINDT. Selon lui : « *Les conditions de travail des travailleuses et travailleurs domestiques, par-delà les questions juridiques auxquelles elles donnent naissance, offrent l'opportunité d'un regard plus aiguisé sur la façon dont nous sommes capables d'aborder la vulnérabilité et la visibilité des travailleurs et des personnes qu'ils ont pour mission d'aider dans leur vie quotidienne* » (172). Bien sûr, l'éminent professeur parle ici de prestations de services, alors que le travail à domicile (proprement dit) vise traditionnellement une production de biens corporels (matériels). De fait, aujourd'hui, l'auto-entrepreneur se charge souvent de traductions depuis son domicile ou depuis un tiers-lieu ; tout au moins jusqu'à son remplacement prévisible par l'intelligence artificielle (l'I.A.).

---

171) Chantal REY, Rapport du Comité économique et social, 2000, La Documentation française, p. II-5).

172) Pierre-Yves VERKINDT, Les conditions de travail des travailleuses et travailleurs domestiques, Droit social 2022. 710).

En tous cas l'absentéisme des travailleurs cessa d'être risible pour les employeurs du moment que la rémunération n'était plus due en fonction de la production fournie, mais plutôt en considération du temps mis. Au fond, dès lors qu'il est payé au temps, et qu'il n'est pas tenu de montrer ce qu'il aura concrètement réalisé, le salarié pourrait se contenter de faire acte de présence. Surtout (est-il prétendu), dans le secteur tertiaire, en particulier dans une grosse entreprise (173). En revanche, l'industrie et son travail à la chaîne n'admettent pas de maillon faible. Plus généralement, l'employeur veille à ce que chacun s'attèle constamment à sa tâche et il s'en assure à l'aide d'une surveillance appropriée, humaine ou non (174). Encore une fois, son intérêt est que les machines fonctionnent (produisent) sans arrêt. Or les paresseux et les absentéistes contrecarrent son esprit de lucre.

17. – La chasse au chômage du personnel et des équipements.

Au début du 20ème siècle, dans l'environnement juridique et comptable des houillères, très courant était le chiffrage tant du manque à gagner que des frais entraînés par l'absentéisme. En effet : « *d'après une statistique de la Fédération des associations charbonnières de Belgique, les absences non justifiées des ouvriers au cours du troisième trimestre de l'année 1920 représentent 4,4 % du nombre de journées faites ; la proportion s'élève à 6,9 % pour les ouvriers du fond. [...]. Ces absences non justifiées représentent une production d'environ 250.000 pour le trimestre, soit un million de tonnes pour l'année* » (175).

---

173) Corrine MAIER, Bonjour paresse : De l'art et la nécessité d'en faire le moins possible en entreprise, Michalon, 2004.

174) Laurent GAMET, Le travailleur et (les deux visages de) l'algorithme, *Droit social* 2022. 775.

175) Rapport sur le prix de revient de la tonne de charbon en Belgique, Revue de l'industrie minérale, 1921, Documents, n° 12).

Par ailleurs, il a pu être publié ceci : *« le temps moyen perdu par absentéisme dans l'ensemble des bassins houillers de la Grande-Bretagne s'est monté, en 1924, à l'équivalence d'environ quatre semaines pour l'année, soit 8,5 % du temps de travail possible. Ce chiffre a varié, suivant les districts, entre onze jours et trente-neuf jours annuellement. Il s'est graduellement abaissé au cours des années récentes, mais il implique encore une amputation sérieuse de l'efficacité de la main-d'œuvre »* (176). L'abaissement rapide ici rêvé était celui de l'absentéisme ; ce qui exigeait d'augmenter les jours de production (177). Selon un second commentateur, contemporain du précédent, les grèves alourdissaient les frais généraux, de la même façon que les autres causes éloignant les salariés des postes de travail. À savoir : *« fêtes légales ou locales ; postes inoccupés pour absentéisme ; accidents ou maladies ; manque de débouchés ; manque de wagons »*. Cette liste montre que les ouvriers n'étaient pas la cause unique de la baisse de production et des profits. N'empêche que, pour son année de référence, l'auteur disait que *« chaque homme avait perdu, en moyenne [...], soixante-huit jours de travail ou 11,5 semaines. Autrement, dit, le personnel de l'industrie charbonnière et le capital qui y était investi chômaient, un trimestre sur quatre »* (178).Aujourd'hui l'on enseigne aussi que la gestion du capital humain suppose de tenir compte de

176) THE MINISTRY OF LABOUR GAZETTE, Les causes d'absentéisme parmi le personnel des houillères [en Grande-Bretagne], *Revue de l'industrie minérale* / publiée par la Société de l'industrie minérale, mars 1929 (traduction du numéro de septembre 1928).

177) Il convenait tout au moins d'augmenter la productivité, cette capacité de faire (à moyens constants) davantage que lors de l'échéance précédente.

178) Robert FABRE, Conflit minier britannique de 1926 et ses conséquences nationales et internationales, *Revue de l'industrie minière*, n° 161, 1er septembre 1927.

« *l'absentéisme (maladies et absences non justifiées)* » (179). On comprend dès lors la tentation d'une organisation en trois-huit permettant de surmonter quelque peu ces écueils.

18. – La continuité du travail grâce aux trois-huit.

Compte tenu des limites anatomiques et physiologiques des humains, une seule équipe de travailleurs diurnes s'avéra insuffisante ; d'où l'invention des trois huit. À savoir : trois séries d'équipes se succédant pour huit heures autour de la machine. On parle également de travail posté. Le Directeur du Travail (au ministère du même nom) précise que : *« Plusieurs équipes se succèdent sur un même poste de travail sans se chevaucher. [...]. Il existe 3 formes de travail posté : le travail en discontinu ; le travail en semi-continu ; le travail en continu »* (180). De fait, cette expression des trois huit admet un second sens, probablement plus heureux pour les travailleurs. C'est en effet aussi : huit heures de travail ; huit heures de loisirs ; et huit heures de repos. C'était-là une revendication récurrente des travailleurs que CLÉMENCEAU aura satisfaite (presque spontanément) au sortir de la première guerre mondiale. L'idée de cette répartition tripartite de la journée (lancée en 1817 par Robert OWEN, un anglais qui était à la fois patron et socialiste), a longtemps cheminé avant sa consécration (181). Quelques années avant, les travailleurs avaient déjà obtenu de ne pas avoir à œuvrer le dimanche. Toutefois, une désacralisation de ce jour, peut-

---

179) Stephen BOUQUIN, Les nouvelles modalités de gestion du capital humain, Une radioscopie des relations de travail en Wallonie, *Reflets et perspectives de la vie économique* 2005/2 (Tome XLIV), p. 71-81. DOI 10.3917/rpve.442.0071).

180) Hubert ROSE, *Répertoire de droit du travail*, Durée du travail : fixation et aménagement du temps de travail, octobre 2020, n° 407.

181) Jean-François DRAPERI, L'économie sociale comme mode de pensée, *JA* 2014, n°495, p.21.

être dans l'intérêt d'effrénés (laïcs) consommateurs, s'est progressivement intensifiée. Le PIB s'en trouve augmenté, à la satisfaction visible de l'économie. De fait, tout gouvernement classique rêve de points supplémentaires de croissance.

19. – L'ode gouvernementale au travail pour tous.

La Première ministre (Élisabeth BORNE) nous exhorte à *« changer notre rapport au travail »*, car celui-ci lui paraît être *« un levier majeur d'émancipation »* (182). Il donnerait en effet à chacun l'opportunité de se sentir comblé, psychologiquement et financièrement. La philosophie gouvernementale est exactement *« que chacun s'en sorte et retrouve sa dignité grâce au travail »*.

Deux grands chanteurs francophones (Julien CLERC et Alpha BLONDY) ont, à des années d'intervalle, interprété une même chanson qui résume grossièrement les intérêts du travail : la fierté d'éviter de s'installer dans le vol et/ou la mendicité. En d'autres termes, le salaire s'avère être la cause et la conséquence du travail effectué pour autrui. En effet, l'on va travailler pour avoir une rémunération, et l'on perçoit une rémunération parce qu'on aura travaillé. Voici leurs proses versifiées : « *Travailler c'est trop dur // Et voler c'est pas beau // Demander la charité // C'est quelque chose que je ne veux plus faire* ».

Madame BORNE affirmait aussi que l'activité professionnelle (pour autrui ou pour son propre compte), *« c'est la création de richesses, la liberté d'entreprendre »*. En conséquence de quoi il

---

182) Élisabeth BORNE, Déclaration de politique générale, 6 juillet 2022. Cette déclaration a été déclamée à l'Assemblée Nationale, le matin, puis au Sénat l'après-midi. Sa diffusion en direct aura été assurée tant par les médias traditionnels que par les chaînes Web. Cf. *La Semaine Juridique Social* n° 27-28, 12 Juillet 2022, act. 263.

y aurait : *« le partage de valeur, des ressources complémentaires pour notre modèle social, une ambition plus forte dans la responsabilité sociale et environnementale des entreprises »*. Toutefois, la réalisation de ces louables objectifs dépendrait du fait de réussir préalablement à *« bâtir ensemble, la société du plein emploi »*. Comme avait déjà pu écrire le professeur Jean-Emmanuel RAY : *« Oui, le travail est un trésor, individuel mais aussi collectif : travailler ne peut se résumer au salaire figurant en bas à droite de la fiche de paye »* (183). Or, en attendant, des millions de Français restent au chômage (184). Dans ces circonstances, l'on comprend mal que les compatriotes qui ont un emploi le quittent, peut-être influencés par l'épiphénomène de la *"grande démission"* (185). C'est du reste parfois un choix

183) Jean-Emmanuel RAY, La guerre des temps, *Droit social* 2006. 3.

184) Comme ministre du travail, elle (E. Borne) avait reconnu que : « Après une mobilisation exemplaire de l'ensemble des professionnels du soin et de l'accompagnement tout au long de la crise sanitaire, nous sommes confrontés dans certains établissements à des difficultés importantes pour recruter du personnel dans un contexte de tensions généralisées sur le marché du travail » (JO : Assemblée nationale du 14 déc. 2021).

185) « *Les mutations du monde du travail se font plus amples et plus visibles depuis la crise sanitaire et le chambardement imposé par l'explosion du télétravail. Après la « Great Resignation » (« grande démission »), voici venir le phénomène du « Quiet Quitting » (« démission silencieuse ») !* » (https://www.journaldugeek.com/2022/09/04/apres-la-grande-demission-la-demission-silencieuse/). « *Les récents départs massifs d'employés en France, qui s'expliquent en partie par des raisons conjoncturelles, sont loin d'être une réalité en Suisse. Mais certains chiffres laissent entrevoir la tendance et la pénurie de personnel pourrait changer la donne » (https://www.letemps.ch/economie/suisse-ne-connait-grande-demission). Il convient pourtant de noter qu'en 2018, une revue procédait déjà à un « Zoom sur ces personnes qui changent de métier »* (RÉDACTION, BJT déc. 2018, n° 110v7, p. 239). La rédaction reprenait des données de la DARES d'un mois plus tôt : « *Changer de métier : quelles personnes et quels emplois sont concernés ?* ».

malhonnête de rupture du contrat de travail. Car les intéressés ont alors les avantages compensatoires du licenciement (possibilité d'indemnisation), mais pas ses inconvénients, dont la honte d'apparaître comme professionnellement indésirable.

En règle générale, un démissionnaire (fantaisiste) n'a pas le droit de percevoir d'allocations de chômage et de retour à l'emploi. Aussi le salarié qui veut quitter l'entreprise en évitant d'assumer ce risque fera-t-il le mort jusqu'à ce que l'employeur exaspéré le licencie pour faute. Il perdra néanmoins l'indemnité pour bons et loyaux services ; l'indemnité de licenciement. Elle peut se révéler substantielle, car il s'agit pour chacune des années d'anciennetés de percevoir un quart du salaire de base ; tout au moins pour les 10 premières années. Car pour les années suivantes, c'est un tiers de salaire de base qu'il percevra en sus. Curieusement, les agents publics n'y ont pas droit. Or les sommes correspondantes sont également dues aux salariés allant à la retraite.

20. – Les raisons d'un retardement des départs à la retraite.

En écho aux grèves contre l'allongement de la durée de vie au travail, de nombreux aînés se sont pressé d'aller profiter de la pension de retraite. Une retraite acquise bien vite, comparativement à *« la totalité de nos voisins européens »*, regrette la Première ministre (186). Curieusement sous

186) Des intellectuels protestent pourtant contre l'allongement de la carrière et le retardement du départ à la retraite. Par exemple : Romain MARIÉ, Repousser l'âge de départ à la retraite : une simple paresse intellectuelle, Droit social 2021. 949 : « *L'abandon, en plein milieu du gué législatif, du projet de loi instituant un système universel de retraite risque d'affaiblir la capacité d'innovation des prétendants à la magistrature suprême qui n'auront - vraisemblablement - comme seule antienne que l'allongement de la durée d'assurance et/ou le recul de l'âge légal de départ à la retraite. D'autres voies sont pourtant envisageables, pour peu qu'on fasse preuve*

d'autres latitudes, une baisse de l'âge de départ à la retraite est plutôt vécue comme une calamité (187).

Dans le Gabon de mon enfance, les personnes « *atteintes par les limites d'âge* » s'ingéniaient à trouver des moyens de demeurer en activité. Car non seulement la pension était alors maigre, mais en plus, elle était versée trimestriellement. Et, il fallait aller la quérir à Libreville, la capitale du pays. On notera qu'en France, c'est à la fin des années 70, avec le ministre de l'économie Maurice Papon, du Gouvernement Barre (et Valéry Giscard d'Estaing), qu'auront été entreprises « *des expériences de mensualisation du versement des pensions* » (188). Il faudrait ajouter à cette réflexion les agriculteurs qui persistent à demeurer en activité (189).

En vérité, quelques cols blancs français encore désireux de travailler se résignent alors à l'expatriation (190). Paradoxalement, les campagnes électorales de 2022 (présidentielles et législatives) auront à la fois comporté des propositions d'élévation ou de réduction de l'âge de fin de la carrière professionnelle. Or faut-il vraiment songer à y changer quelque chose ? D'après notre cheffe de Gouvernement (Madame BORNE), la réponse est : *« Oui, nous*

---

d'imagination, voire d'audace, en rompant avec une certaine forme d'orthodoxie ».

187) Hélène PAULIAT, Abaissement de l'âge de la retraite des magistrats : une atteinte à l'indépendance de la justice reconnue en Pologne, *La Semaine Juridique Edition Générale* n° 29, 22 Juillet 2019, 816.

188) https://www.economie.gouv.fr/saef/maurice-papon).

189) Stéphane PRIGENT, QPC visant la prorogation du bail du fermier âgé*, DA* 28 janvier 2022.

190) Ioanna KOHLER, Les expatriés de l'enseignement supérieur français aux États-Unis, (https://www.institutmontaigne.org/ressources/pdfs/publications/etude_kohler_web.pdf). On peut ici indiquer, parmi ces expatriés : le codécouvreur du virus du HIV-Sida (Luc Montagnier), ainsi que le découvreur de la pilule abortive RU-486 (Etienne-Émile Beaulieu).

devrons travailler progressivement un peu plus longtemps ». Elle rêve même de plein emploi, ce qui veut dire tous au travail ; y compris les vieux (conviés à repousser de quelques mois leur départ à la retraite). Tel serait le prix du sauvetage de *« notre modèle social »*, qui est *« l'un des plus généreux »*. De toute évidence, un pareil plaidoyer en faveur du travail ne provient pas d'une personnalité soupçonnable de collusion avec les absentéistes, ou de sympathie envers l'évitement du travail salarié. Encore que sa vision politique de travailliste soit en décalage sociologique avec notre temps. Car dans les années 80 l'on soutenait déjà que *« la valeur positive du travail décline et l'intérêt pour les loisirs s'accroît. Le succès dans les activités libres apparaît plus important que le succès au travail. Ainsi, il s'est créé une ambiance peu propice au travail »* (191).

D'après ces auteurs, « *les travailleurs veulent passer le moins de temps possible au travail en vue d'en retirer un revenu fixe. En faisant des heures supplémentaires et en s'absentant les jours de travail régulier, le travailleur atteint le but recherché, c'est-à-dire qu'il touche un meilleur revenu pour une période de travail plus courte. Les chefs d'entreprise, qui ont à affronter le problème de l'absentéisme, reconnaissent qu'il s'agit là d'une façon d'agir qui est renforcée par l'entreprise elle-même, par l'attitude individuelle et par les circonstances ambiantes* ». En juillet 2022, une enquête IFOP (Fondation Jean Jaurès) aura montré que moins d'un quart des Français (interrogés) avaient encore de la considération pour le travail, alors qu'ils représentaient plus du double en 1990. « *Mais alors, qu'est ce qui peut bien avoir de l'importance pour ces Français qui ne croient plus au boulot. La famille ? Évidemment. Mais aussi,*

---

191) Al MIKALACHKI et D. CHAPPLE, Absenteeism and Overtime (Absentéisme et surtemps) Double Jeopardy, *Relations industrielles,* 1977, 532–546, https://doi.org/10.7202/028821ar.

et surtout, les loisirs, qui arrivent loin devant le travail, puisqu'ils sont "très importants" pour 41% des interrogés. Autant dire que cette enquête n'est pas un sondage de plus : c'est un cauchemar de DRH » (192)

La "*valeur travail*" retrouvera peut-être des ailes avec : la "*fin de l'abondance*", le "*retour du tragique et de la guerre*" ; autant d'évènements qui incitent à se surpasser en s'obligeant au maximum d'efforts (193). On se trouve ici bien loin de la lubie du refus du travail.

21. – Le droit au refus du travail ou du refus d'efforts pour autrui.

En 2020, le professeur Patrick ADAM a écrit que *« refuser un emploi est incontestablement, en période de chômage de masse, un luxe »* (194). Aura-t-il alors eu raison de se demander si l'intéressé pouvait légitimement soutenir que c'est son (bon) droit ? Aucune réponse univoque n'est possible ; surtout en songeant à la réglementation du chômage, laquelle incite au retour à l'emploi, tout en admettant désormais

---

192) Sylvia DI PASQUALE, https://www.cadremploi.fr/editorial/actualites/edito/ca-y-est-la-place-du-travail-dans-la-vie-est-de-plus-en-plus-secondaire).

193) « Le chef de l'État a vanté les mérites du travail dans son allocution télévisée, mardi soir, à moins de six mois de l'élection présidentielle » (https://www.lemonde.fr/politique/article/2021/11/10/emmanuel-macron-met-la-valeur-travail-au-centre-de-son-action_6101617_823448.html). « Macron prépare les esprits à "la fin de l'abondance" et "de l'insouciance" » (https://www.latribune.fr/economie/france/macron-prepare-les-esprits-a-la-fin-de-l-abondance-et-de-l-insouciance-928491.html). À ce niveau, l'historien ajouterait probablement que selon le Maréchal Pétain, le refus de l'effort et, au contraire, la promotion de « l'esprit de jouissance », auront facilité la défaite française face aux troupes allemandes.

194) Patrice ADAM, Le droit de refuser un emploi, *Droit social* 2020. 423. Cf. aussi Rafael ENCINAS DE MUÑAGORRI, Existe-t-il une liberté de ne pas travailler ? *Droit social* 2020. 416.

l'indemnisation de démissionnaires (195). Il n'en reste pas moins que trente ans plus tôt, la question (du droit de ne pas travailler) était déjà posée par un savant devancier (196). Selon lui, la liberté de choisir le travail serait fictive. Certes, nul ne cautionne le travail forcé ou travail obligatoire. Néanmoins, l'on en est proche dans les cas où l'activité pour autrui n'apporte à son pratiquant, ni satisfaction financière, ni satisfaction psychologique. Ainsi, à beau dire que le contrat de travail découle d'un libre accord de volontés entre personnes majeures et saines d'esprit, il n'en transparaît pas moins que le travailleur est poussé à conclure par ses difficultés économiques. Pour Jean-Jacques DUPEYROUX, il y aurait en l'occurrence : *« État de nécessité, consentements de façade »* (197). Cet auteur vivait à une époque où se déroulaient des débats interminables sur *"l'impôt négatif"*. Il s'interrogeait sur la subordination du RMI (aujourd'hui RSA) à l'engagement par le bénéficiaire de se soumettre à une sorte de contrat de travail. Et il terminait en posant la question suivante à propos des chômeurs indemnisés : « *dans quelle mesure ont-ils le "droit" de refuser un emploi ?* ».

Beaucoup de travailleurs se mettent à la tâche en traînant des pieds. Il n'est pas rare qu'ils cumulent ou alternent retards, départs anticipés et absences. Pourtant les autorités publiques louent régulièrement l'intérêt du travail pour soi-même et pour la collectivité. C'est un catéchisme vraiment appréciable par les employeurs ; même ceux du secteur public d'ailleurs astreints à un principe de continuité de leurs établissements.

---

195) Frédéric COLIN, Indemnisation du chômage : l'obligation de recherche active d'emploi des agents publics involontairement privés d'emploi, *AJFP* 2022. 198 ; Sébastien TOURNAUX, La profonde déstabilisation du droit du chômage, *RDSS* 2022. 147.

196) Jean-Jacques DUPEYROUX, Quelques questions, *Droit social* 1990 p. 9.

197) Jean-Jacques DUPEYROUX, Quelques questions, *Droit social* 1990 p. 9.

On rappellera ici que l'assiduité au travail est une exigence chrétienne.

Ainsi, la deuxième épître de l'apôtre PAUL (aux fidèles dont il avait été l'hôte à Thessalonique) encourage à l'activité productive. Et d'y rappeler que : « *le pain que nous avons mangé, nous ne l'avons pas reçu gratuitement. Au contraire, dans la peine et la fatigue, nuit et jour, nous avons travaillé pour n'être à la charge d'aucun d'entre vous. [...]. Et quand nous étions chez vous, nous vous donnions cet ordre : si quelqu'un ne veut pas travailler, qu'il ne mange pas non plus. Or, nous apprenons que certains d'entre vous mènent une vie déréglée, affairés sans rien faire. À ceux-là, nous adressons dans le Seigneur Jésus Christ cet ordre et cet appel : qu'ils travaillent dans le calme pour manger le pain qu'ils auront gagné* » (198). Pour sa part, la civilisation romaine vantait « *le pain et les jeux* », lesquels étaient obtenus de l'activité d'esclaves.

II. – La continuité fondée sur un besoin d'intérêt général.

22. – L'incompatibilité de l'absentéisme avec la continuité du service public.

En pur droit, le besoin permanent de personnel disponible (c'est-à-dire toujours prêt à se mettre à la tâche), constitue l'une des caractéristiques des administrations, étatiques ou locales. La raison est que la création d'un service public répond à l'existence d'un besoin d'intérêt général (un besoin ressenti par une large partie de la population). Une telle création s'impose d'autant plus (à l'esprit des autorités centrales ou décentralisées) que l'initiative privée s'en désintéresserait probablement, (car) n'y trouvant pas de perspective de profits.

---

198) Deuxième épître aux Thessaloniciens, chap. 3, versets 8 à 12).

Alors la structure satisfactoire mise en place subsistera aussi longtemps que durera le besoin qui en aura justifié la mise en place. C'est le principe de continuité du service public. Par conséquent, les agents publics recrutés (fonctionnaires ou contractuels) se devraient d'être sans relâche à la disposition des administrés.

Les agents publics (ceux qui sont des fonctionnaires) dépendent d'un des statuts des trois fonctions publiques (hospitalière, territoriale, d'État) ; et leurs litiges professionnels sont jugés par le tribunal administratif. Les agents publics qui ne relèvent pas d'un ces statuts sont liés au service public par un contrat ; ce sont alors des contractuels (et non pas des salariés). Encore que ce soit le cas dans les services publics industriels et commerciaux. Leurs différends professionnels sont tranchés par le conseil de prud'hommes s'aidant du Code du travail. La marche du service public peut aussi devoir à des bénévoles ; l'appellation juridique de ces derniers est « *collaborateur occasionnel du service public (ou de l'administration* » (199).

Le droit de la fonction publique les soumet concrètement à des sujétions exorbitantes du droit commun. Ce qui aura fait que pendant longtemps, le droit de grève leur était interdit. Concrètement, il a fallu attendre l'arrêt Dehaene, malgré la consécration du droit de grève par le préambule de la Constitution de 1946. Ce droit est repris à son compte par l'actuelle Constitution (adoptée en 1958) (200).

Cela étant, « *les sujétions particulières à certaines professions, longtemps communément acceptées au nom de la continuité du service public, sont de plus en plus souvent remises en cause* »

---

199) Élise FRAYSSE, Le collaborateur occasionnel du service public, catégorie d'avenir du droit administratif, *RDP* juill. 2020, p. 915).

200) CONSEIL D'ÉTAT, 07 juillet 1950, n° 01645.

(201). Selon la Cour des comptes : « *la titularisation se trouve de plus en plus concurrencée par la transformation de contrats à durée déterminée (CDD) en CDI. Ce type de contrat, pour certains emplois, se révèle en effet plus attractif que la titularisation car il n'implique pas certaines sujétions, comme par exemple l'obligation de mobilité* » (202).

Aujourd'hui encore, l'on compte sur leur monastique exemplarité : « *l'agent public se définit aussi par la déontologie ou l'art de se comporter de manière appropriée à la mission d'intérêt général à remplir* » (203).

Mieux encore : « *La confiance obligée que nous accordons à l'agent public que nous ne choisissons pas, pour calculer notre impôt, liquider l'aide publique à laquelle nous avons droit, délivrer un permis de construire avec des prescriptions qui modifient notre projet, affecter notre enfant à telle école ou nous convoquer à l'hôtel de police pour « affaire vous concernant », est essentielle pour la paix publique et l'équilibre des relations dans une société démocratique* » (204).

23. – La question du taux de disponibilité et du taux d'absentéisme.

Dans les entreprises, le souci de rentabilisation des ressources humaines et l'obligation légale du respect des plafonds horaires font que l'employeur tient une comptabilité précise des absences et des présences. C'est ainsi que sont presque

---

201) Florian ROUSSEL, L'obligation de décompte du temps de travail des praticiens hospitaliers, RDSS 2022. 910. Alexis ZARCA et Nicole MAGGI-GERMAIN, Controverse : L'importation des techniques du droit du travail en droit de la fonction publique : vices ou vertus ?, Rev. trav. 2020. 302.

202) https://www.ccomptes.fr/system/files/2020-09/202000922-synthese-contractuels-fonction-publique.pdf).

203) Christian VIGOUROUX, La déontologie de la fonction publique, Justice et Cassation 2022. 129).

204) Christian VIGOUROUX, La déontologie de la fonction publique, Justice et Cassation 2022. 129).

simultanément déterminés un taux de disponibilité et un taux d'absentéisme. L'absentéisme *« se mesure par un ratio, le taux d'absentéisme, qui comporte au numérateur la durée de l'absence (en heures ou en jours) et au dénominateur le temps théorique de travail (dans la même unité) »* (205). Le taux de disponibilité du salarié systématiquement régulier se montera à 100 % (tandis que son taux d'absentéisme nul sera noté 00 %). Si, en revanche, il a été absent 40 heures dans l'année, il n'aura dès lors travaillé que 1567 heures (au lieu des 1607 prévues par la loi). Son taux de disponibilité sera de 99,75 % (division de 1567 par 1607). À l'inverse, son indisponibilité presque similaire de travailleur absentéiste sera, en pourcentage, de 0,25 % (c'est-à-dire 40/1607). Pour l'employeur, l'idéal est que le taux de présence ou de disponibilité soit le plus proche possible de 100 % (206). La périodicité du calcul de ces taux peut être l'année, le trimestre, le mois, voire la journée si la structure est obsédée par les tableaux de bord, les statistiques et les indicateurs (207).

24. – Le calcul des absences ou de la disponibilité du fonctionnaire aussi

Un service du ministère de la justice s'est inventé un outil de mesure (le TAM : Temps Actif Mobilisable), pour mieux appréhender ses ressources humaines *"en temps réel"*. Il calcule en effet, pour une période donnée, quel temps pourra être véritablement consacré aux missions (d'accueil, de conseil, etc.). C'est de la sorte qu'à l'ensemble du temps de

---

205) Les 100 mots clefs de la GRH, V° Absentéisme.

206) En d'autres termes, l'employeur souhaitera que le taux d'absence ou d'indisponibilité tende plutôt vers 00 %.

207) Cette obsession commune aux statisticiens, aux gestionnaires et aux sociologues, porte le nom de quantophrénie.

travail théoriquement dû par chaque agent public, le service en question rajoute les heures supplémentaires possibles de l'agent concerné. Puis, l'on soustrait de ce total la durée représentant l'absentéisme prévu pour la période considérée. Les associations et les autres structures qui dépendent de ce ministère se réfèrent au TAM lors de l'établissement de leurs propres grilles d'indicateurs (208). Ainsi donc, le service public se préoccupe de l'absentéisme de ses agents ; qu'ils soient des fonctionnaires ou de simples contractuels.

Il y a 21 ans, le Journal officiel donnait à lire ce qui suit : « *Le garde des sceaux, ministre de la justice, appelle l'attention de l'honorable parlementaire sur le fait que le recensement de l'absentéisme était jusqu'en 2004 réalisé en prenant en compte exclusivement le nombre d'agents en arrêt selon les motifs d'absence et non la durée des arrêts. Seuls les différents congés de longue maladie et de longue durée, parentaux et d'accidents du travail étaient recensés. La valorisation de la durée et l'extension à de nouveaux motifs d'absence, dont le congé de maladie ordinaire, ont débuté en 2004. La mise en œuvre progressive du SIRH dont l'une des modalités prévoit la prise en compte de la durée des différentes absences permettra de valoriser au mieux l'absentéisme et d'obtenir des résultats exhaustifs. L'évolution du nombre de fonctionnaires et magistrats en congés s'établit comme suit, sur la période 2000 - 2005 et selon les différents motifs d'absence recensés* » (209).

Ainsi donc, même les magistrats sont passés au crible. On sait qu'une dizaine d'années après, « *En 2016, le taux d'absentéisme des magistrats du siège dans les cours d'appel représentait 44,69 ETPT, soit 3,6 % du total des effectifs. En*

208) Jean-Pierre HARDY, Financement et tarification des établissements et services sociaux et médico-sociaux, Dunod, 4ème édition.

209) Publication au JO : Assemblée nationale du 4 juillet 2006).

ISSN 3096-8152

2017, ce chiffre a baissé à 36,34 ETPT, soit 2,9 % » (210). Comme il y a trop peu de juges en fonction, leur absentéisme pèse indiscutablement sur la célérité souhaitable de la Justice. Encore que leur absentéisme soit souvent plus excusable que celui des élèves.

---

210) Cathie-Sophie PINAT et Nathan JOURDAINE, Justice en situation – Recherche de la performance et administration de la justice, *Les cahiers de la justice* 2022. 193. L'abréviation ETPT signifie Équivalent Temps Plein Travaillé ; il est plus souvent désigné ETP.

L'OBSTACLE MATÉRIEL OU MORAL À LA PRÉSENCE PHYSIQUE

Clotaire MOULOUNGUI
Maître de conférences hors classe à l'ULCO (académie de Lille)
Ancien Chef du Département Gestion des Entreprises et des Administrations
Responsable de la licence professionnelle Métiers de la Gestion et du Social

Résumé : L'absentéiste au poste de travail prévu est rarement un fantaisiste ou un arrogant qui chercherait à embarrasser son employeur. En effet, son défaut d'assiduité peut s'expliquer par deux façons principales. D'une part, il se trouve confronté au dilemme entre aller au travail et rester chez soi pour s'occuper d'un proche. D'autre part, un obstacle matériel qui entraverait la circulation peut justifier son absence. Circulation ; obstacle ; maladie ; dilemme ; proche aidant.

Mots clefs : Circulation ; obstacle ; maladie ; dilemme ; proche aidant.

Summary: An absentee from their scheduled workstation is rarely a fanciful or arrogant person seeking to embarrass their employer. Indeed, their lack of attendance can be explained in two main ways. On the one hand, they are faced with the dilemma of going to work or staying home to care for a loved one. On the other hand, a physical obstacle that hinders traffic flow can justify their absence.

Keywords: Traffic; obstacle; illness; dilemma; caregiver.

§§§§§§§§§§§§§§§§§

1. – Compte tenu d'évènements familiaux, le salarié peut s'absenter en toute légalité de l'activité professionnelle exercée au profit d'autrui. En vérité, peut-être s'absentera-t-il ainsi la mort dans l'âme, car sa conscience professionnelle lui commanderait d'aller au travail, alors que la solidarité familiale lui imposerait de demeurer avec les siens.

2. – L'intéressé a ainsi le choix entre deux solutions mauvaises et opposées ; c'est pour lui un vrai dilemme (I.). D'un autre côté, sa détermination à se rendre au travail peut être contrecarré par un obstacle matériel. Faute de permission de la loi, l'excuse de l'absentéisme sera dénichée dans la force majeure. En particulier lorsqu'il sera question d'un obstacle physique à la circulation vers le lieu d'activité (II.).

I. – Le dilemme entre départ au travail et aide à un proche

*3. – **Panorama, en intitulés, des points de cette subdivision.** 162. – Le préjugé favorable de l'absentéisme en vue d'une assistance à son parent malade. 163. – La possibilité d'une renonciation gratuite à son congé familial. 164. – Le caractère heureux ou malheureux de l'évènement familial de congé. 165. – Le congé du salarié pour décès de son enfant. 166. – La préoccupation ministérielle sur la modalité de financement du congé de deuil allongé. 167. – Les particularismes du congé de solidarité familiale (CSF). 168. – Le congé sans rémunération du proche aidant et son besoin de répit. 169. – Le jugement au fond du litige sur le congé familial par le juge des référés. 170. – Les freins paperassiers à la prise de congés familiaux. 171. – La suspension du congé annuel pour maladie ou autre.*

4. – Le préjugé favorable de l'absentéisme en vue d'une assistance à son parent malade. Des personnes manquent parfois une activité programmée parce privilégiant une valeur qu'elles considèrent comme plus importante. La supériorité de valeur se discute peu lorsque le choix consiste à aller s'occuper d'un proche malade : un descendant, un ascendant ou un conjoint. Apparemment, le *"bon choix"* (la solidarité familiale plutôt

ISSN 3096-8152

que le travail rémunérateur) sera suggéré à chacun, tant par son for intérieur que par la pression sociale. Dès lors, l'absentéisme résulte d'une contrainte morale, interne et/ou externe (211).

5. – En tous cas, le législateur comprend parfaitement une éventuelle volonté de demeurer chez soi en vue d'assumer ses responsabilités familiales, plutôt que d'aller travailler au profit d'un employeur. Certes, un tel choix de la famille au détriment de l'employeur s'explique parfois par un évènement familial de gravité relative. Comme le droit social fait une meilleure place au lien de famille que le droit des contrats, le concubinage est pris en compte. Mieux, *« la notion de proche aidé a été élargie et s'est affranchie du lien familial »* (212). On sait au contraire qu'en matière de preuve du contrat, l'impossibilité morale ayant empêché de se préconstituer un écrit probatoire se limite à la famille légale et proche (213).

---

211) Cet absentéisme contraint se situe à mi-chemin entre l'absentéisme choisi (congés, grève, droit de retrait) et l'absentéisme subi (intempéries, suspension, mise à pied, maladie, etc.). (Denis MONNEUSE, *L'absentéisme au travail, De l'analyse à l'action*, Afnor éditions, 2015).

212) Alexis BUGADA, La reconnaissance juridique des proches aidants, La Semaine Juridique Social n° 48, 4 Décembre 2018, 1387 : « *La qualification juridique de proche aidant devrait transcender toutes les modalités d'exercice professionnel [salariés, indépendants, fonctionnaires]. Le besoin d'aide de proximité est une réalité sociologique universelle* ».

213) En pratique, le juge donne gain de cause à celui des deux plaideurs qui le convainc en lui soumettant les preuves admises par la loi. Pour un contrat dont le montant en jeu dépasse 1500 euros, il faut une preuve littérale, une preuve écrite. Néanmoins, celui sur qui pèse la charge de la preuve a le droit de se retrancher derrière l'impossibilité morale à laquelle il aura été confronté lors de la conclusion du contrat. En effet, une certaine gêne, une pression morale, est ressentie par celui qui contracte avec un membre de sa famille. Et le juge accepte de dispenser l'intéressé de la fourniture de la preuve littérale si le lien de parenté entre les deux cocontractants est assez fort. La cour d'appel de Besançon n'aura pas vu cette intensité de la

6. – La possibilité d'une renonciation gratuite à son congé familial. D'un point de vue strictement juridique, le salarié n'est pas tenu de profiter du congé qui lui est ouvert pour évènement familial. Dans ces conditions, l'employeur n'a pas à le lui accorder d'office. D'autant plus qu'un employeur ne connaît pas (et n'a pas à connaître) la vie privée du salariée.

7. – Plus exactement, il n'est censé connaître que les évènements de la vie privée dont le salarié aura bien voulu lui parler. Encore que l'on puisse parfois hésiter (214). Si par négligence ou par inattention le travailleur laisse s'écouler la période durant laquelle il pouvait (encore) profiter du congé, celui-ci est perdu. Précisément, la victime (de la prescription extinctive, de la déchéance, ou de la forclusion) ne sera pas fondé à réclamer une indemnité à l'employeur pour qui il aura œuvré, alors qu'il aurait pu s'en garder (215).

8. – Les fonctionnaires bénéficient de l'alignement de leur régime de congés pour raison familiales sur celui des salariés (216).

---

relation (d'amour et de confiance) issu d'un concubinage (en l'espèce entre le père et le compagnon de sa fille). Ce refus jurisprudentiel de reconnaître l'impossibilité morale de préconstituer un écrit aura été compris par la doctrine (Philippe STOFFEL-MUNCK, Impossibilité morale de préconstituer la preuve, *RDC* 2004, n° *RDC*O2004-4-009, p. 942).

214) « *La durée de chaque congé n'est pas d'ordre public à l'exception des congés pour événements familiaux* » Gérard VACHET, Les congés après la loi du 8 août 2016, La Semaine Juridique Social n° 35, 6 Septembre 2016, 129.

215) Romain MARIÉ, Fasc. 28-15 : Suspension du contrat de travail. – Applications, *JurisClasseur Travail Traité*, 28 Mars 2018, n° 3. Il serait défendable qu'un justiciable songe à invoquer le quasi-contrat d'enrichissement injustifié, autrefois dit enrichissement sans cause (avant une ordonnance de 2016).

216) Confer l'ordonnance du 25 novembre 2020 portant diverses mesures en matière de santé et de famille dans la fonction publique, ainsi que ses deux décrets d'application. Le premier concerne la fonction publique de l'État

C'est ainsi qu'ils bénéficient aussi des vingt-huit jours du congé de paternité et d'accueil de l'enfant (217). L'État employeur affiche dès lors une politique finalement volontariste, ainsi que souhaité par la doctrine (218).

9. – Le caractère heureux ou malheureux de l'évènement familial de congé. Les absences pour évènements familiaux, heureux ou malheureux, ont en commun la conservation son salaire par l'absentéiste (219). Cette générosité du législateur français se rencontre aussi dans d'autres pays de l'Union européenne. Effectivement : « *Dans nombre d'États membres de l'Union européenne, la législation et/ou les accords collectifs reconnaissent aux travailleurs des autorisations exceptionnelles d'absence du travail à l'occasion de différents événements familiaux. […]. La logique de ces autorisations d'absence est qu'elles n'entraînent aucune réduction de la rémunération (art. L. 3142-2) dans la mesure où le salarié est fondé à quitter son travail pour être présent à l'événement familial en question* » (220).

10. – Parmi les évènements plutôt heureux, il y a essentiellement la naissance ou l'adoption (trois jours de congé) ; ainsi que le mariage d'un enfant (un jour de congé). Selon toute

(décret n° 2021-871 du 30 juin 2021), tandis que le second porter sur la fonction publique territoriale (Décr. n° 2021-846 du 29 juin 2021).

217) Marie-Christine DE MONTECLER, Les nouveaux congés familiaux des fonctionnaires de l'État, *AJDA* 2021. 1416.

218) Alexis BUGADA, La reconnaissance juridique des proches aidants, *La Semaine Juridique Social* n° 48, 4 Décembre 2018, 1387.

219) L'article L3142-2 précise que les congés pour évènements familiaux ne causent pas de perte de salaire. De plus, non seulement les jours correspondant ne doivent pas être amputés sur la durée du congé annuel, ils « *sont assimilés à du temps de travail effectif pour la détermination de la durée du congé payé annuel* ».

220) Marc VÉRICEL, Non-cumul des congés pour événements familiaux avec le congé, Rev. trav. 2021. 19.

apparence, l'union d'un tel descendant semble être le mariage. En revanche, pour le salarié lui-même, le Code du travail tient également compte de la conclusion d'un pacte civil de solidarité comme justificatif de congé. On notera que ce parent lui-même bénéficie alors de quatre jours d'absence au travail.

11. – Les évènements malheureux de nature à accabler le salarié sont : l'annonce de la survenue d'un handicap chez un enfant (deux jours de congé) (221). Il y a ensuite le décès d'un membre de la famille (trois jours en général). Le mort en question sera : son enfant ; son conjoint ; son concubin ou de son partenaire lié par un pacte civil de solidarité ; son père ou sa mère ; son beau-père ou sa belle-mère ; son frère ou sa sœur.

12. – Le masculin est utilisé de façon générique dans la phrase ci-dessus et par les textes. Bien entendu, la personne endeuillée pourrait être de sexe féminin ou de sexe indéterminé. D'un autre côté, comme en droit de la famille, un doute s'insinue à la lecture de cette liste législative qu'il faut supposer comme étant exhaustive. En effet, le beau-père est-il le nouveau conjoint de la mère, le père de notre femme, ou bien les deux à la fois ?

13. – Ce droit de la famille pose par ailleurs la réciprocité de la dette d'aliments entre le beau-père et le gendre ou la bru. Pourquoi ces derniers seraient-ils autorisés à s'absenter pour ses funérailles, mais pas l'inverse ? Certes, quelques survivants pensent que le moment des obsèques est trop surfait, et n'y prennent nullement part. Du reste, l'employeur

221) Comme il faut du temps pour intégrer l'annonce du handicap (anatomique ou physiologique) de son enfant, le législateur de 2016 aura décidé d'accorder aux parents deux jours d'autorisation d'absence (art. L3142-4).

ISSN 3096-8152

ne vérifie pas la piété filiale et l'amour parentale qu'il y aurait entre le survivant et le prédécédé.

14. – Il se pourrait qu'en réalité l'un sollicite le congé afin (hélas) de pouvoir aller cracher sur la tombe de l'autre. De fait, « *dans l'existence, il y a deux choses que tu ne peux choisir [...]. La première, ce sont tes ennemis. La seconde, c'est la famille. Parfois la différence entre les uns et les autres est difficile à mesurer, mais le temps finit par vous enseigner que vos cartes auraient toujours pu être pires* » (222).

15. – Le congé du salarié pour décès de son enfant. Pour tout enfant perdu, le salarié bénéficie de cinq jours de congé. Cette durée qui passe à sept jours si l'enfant ainsi prédécédé avait moins de 25 ans ; ou bien s'il avait lui-même un descendant. Observons que sous le mandat présidentiel d'Emmanuel MACRON, il a été créé un congé de deuil. Sa durée de huit jours se rajoute aux sept jours précités (223).

16. – Le législateur autorise leur prise dans l'année du décès. De plus, le survivant éploré n'encourt pas de perte financière ; grâce notamment à *« l'indemnité mentionnée à l'article L331-9 du code de la sécurité sociale »*, précise l'article L3142-2 du Code du travail (224).

---

222) Carlos Ruiz ZAFÓN, trad. François MASPERO, Palais de Minuit, 1994.

223) Code du travail, article L3142-1-1. Valérie AVENA-ROBARDET, La reconnaissance de l'enfant mort-né, AJ fam. 2008. 95 ; « *le certificat d'accouchement, continuera de produire ses effets au profit des parents (tels que le droit à un congé de deuil, une allocation spécifique ou l'organisation de funérailles, tous droits soumis à des conditions propres pouvant tenir à la durée de la grossesse, au poids de l'enfant ou à des conditions de ressources)* » (Elsa SUPIOT, Vers une pleine individualisation de l'enfant né sans vie, D.A., 10 décembre 2021).

224) Romain MARIÉ, Fasc. 28-15 : Suspension du contrat de travail ; Applications, *JurisClasseur Travail Traité*, 28 Mars 2018, Points clés.

17. – La durée du congé de deuil reconnue aux parents a toujours semblé courte. D'où une pression sociale pour son allongement (225). Ce qu'aura précisément fait la loi du 8 juin 2020, dans ce domaine en particulier (226). Selon l'âge de l'enfant prédécédé, le parent disposera du congé classique de cinq jours ou, désormais, celui nouveau de sept jours. Celui-ci suppose que le défunt soit mort avant ses 25 ans ou qu'il ait laissé un orphelin.

18. – Dans ce cas particulier, au congé pour obsèques se rajoute huit jours de congé de deuil (article L3142-1-1). Afin que le manque d'argent personnel ne constitue pas un obstacle à la prise du congé, un revenu de remplacement est prévu pour le parent qui aura momentanément arrêté de travailler (227).

19. – La préoccupation ministérielle sur la modalité de financement du congé de deuil allongé. La ministre du travail de l'époque (Muriel PÉNICAUD) aura été d'accord avec la proposition d'un congé plus long et sans perte de revenu. Elle avait néanmoins déconseillé le vote de l'amendement parlementaire proposant l'innovation sociale. Car il fallait

---

225) La loi du 8 août 2016 avait déjà amorcé l'augmentation de la durée de certains des congés pour évènement familial. Un jour supplémentaire en cas de décès de son partenaire de couple (de 2 à 3) ; mais deux jours de plus en cas de deuil d'un enfant (de 3 à 5), ou d'un autre parent proche (de 1 à 3). C'est la loi de 2016 qui a fini par reconnaître la nécessité d'une période de deuil en cas de perte de son (simple) concubin et aligné le congé correspondant à celui des couples officiels (marié ou pacsé).

226) « *Si elle a pour effet d'améliorer le droit existant, en allongeant la durée du congé initial, sa portée est de plus grande ampleur. En effet, la loi prévoit la création d'un nouveau congé de deuil, l'extension du champ d'application du don de jours de repos et une prise en charge du financement des jours de congés* » (Ariane GAILLIARD, Le deuil de l'enfant du salarié : faire face à l'impensable, Droit de la famille n° 9, Septembre 2020, comm. 129).

227) Code de la Sécurité Sociale, article L331-9.

trouver au préalable le mécanisme permettant de financier ce nouvel acquis social.

20. – Bien entendu, toute aide sociale provient originellement de poches d'individus ou de caisses d'entreprises. Or, la ministre entendait éviter que l'employeur du parent endeuillé soit le seul à supporter le poids du salaire sans travail. Les autres employeurs du pays pouvaient sans doute être mis à contribution. Mieux, la charge pouvait ressortir du budget de l'État ; auquel cas elle aurait pesé sur tous les contribuables. Quelle piste choisir, dans ce moment d'émotion et d'improvisation ?

21. – Ces tergiversations de la ministre, apparemment compréhensible, ont souffert de la réprobation populaire. Pire, le président de la République lui-même aura alors recommandé le réexamen de la disposition par *« devoir d'humanité »*. La charge financière correspondante est supportée par la collectivité tout entière, plutôt que par le seul employeur (228).

22. – Les particularismes du congé de solidarité familiale (CSF). Ces congés pour évènements familiaux ont en commun la brièveté : entre une journée et une semaine (229). C'est

228) Ariane GAILLIARD, Le deuil de l'enfant du salarié : faire face à l'impensable, Droit de la famille n° 9, Septembre 2020, comm. 129 : « *Il était devenu, moralement et économiquement intenable, aux yeux des députés, que le financement de ces congés repose entièrement sur l'employeur* ».

229) Une convention collective est susceptible d'allonger la durée du congé déjà ouvert au salarié (article L3142-4). Le congé porte sur les jours ouvrables, puisque les dimanches et fêtes sont déjà offerts à tous. On notera (pour l'anecdote) que le même article parle aussi de jours ouvrés. Mais, sans doute est-ce son alinéa final qui doit l'emporter. Aux termes de celui-ci, « *les jours de congés mentionnés au présent article sont des jours ouvrables* ».

néanmoins loin d'être le cas du CSF, c'est-à-dire le congé de solidarité familiale (230). Effectivement, sa durée peut atteindre trois mois, renouvelables. Et la convention collective applicable prévoira peut-être une durée plus longue (231).

23. – Le CSF s'envisage au cas où un très proche (familialement ou géographiquement) se rapproche de la mort. Aux termes de la loi, l'on peut prétendre à ce congé lorsque : *« un ascendant, un descendant, un frère, une sœur ou une personne partageant le même domicile souffre d'une pathologie mettant en jeu le pronostic vital ou est en phase avancée ou terminale d'une affection grave et incurable »* (232).

24. – Le législateur ajoute que la personne de confiance, que le mourant s'était choisi a lui aussi droit à ce congé. Toutefois, un certain flottement existe aussi bien à propos de date de départ qu'à propos du retour au travail. Selon toute vraisemblance, le législateur table sur la compréhension de l'employeur. Celui-ci pourrait même accepter que le salarié transforme ce congé en période d'activité à temps partiel, ou bien qu'il le fractionne (233).

25. – La volonté du salarié de garder un pied dans l'entreprise s'expliquera essentiellement par le fait qu'en travaillant encore, il percevra encore une portion de sa rémunération habituelle (234).

---

230) Code du travail, article L3142-6 à L3142-15.
231) Code du travail, article L3142-15.
232) Code du travail, article L3142-6.
233) Code du travail, article L3142-8.
234) Car le salaire n'est pas maintenu dans ce type de congé. En revanche, le salarié conserve divers avantages. Code du travail, article L3142-12 : « *La durée de ce congé ne peut être imputée sur celle du congé payé annuel. // Elle est prise en compte pour la détermination des avantages liés à*

26. – Le congé sans rémunération du proche aidant et son besoin de répit. Plus longs que les congés de solidarité familiale, et plus encore que les congés pour évènements familiaux, il y a le congé de proche aidant (235). En l'occurrence, le proche à aider *« présente un handicap ou une perte d'autonomie d'une particulière gravité »*.

27. – La liste de proches dignes d'être aidés est plutôt longue. Il peut s'agir : de la personne avec laquelle on vit en couple (mariage, concubinage, pacs) ; d'un ascendant ; ou d'un descendant (236). Comme pour pénaliser le travailleur d'origine étrangère, et dont la famille vivrait (toujours) à l'étranger, le Code du travail prévoit que : *« La personne aidée doit résider en France de façon stable et régulière »* (237).

28. – Autre paradoxe : alors que sa rémunération n'est pas maintenue, le proche aidant n'a pas le droit de travailler durant le congé. Or, le travail provisoire pourrait être plus compatible avec l'aide nécessitée par le proche handicapé (238). Nul ne peut se satisfaire du sort de l'aidant qui, seul,

---

l'ancienneté. // Le salarié conserve le bénéfice de tous les avantages qu'il avait acquis avant le début du congé ».

235) Ce congé est prévu par les articles L3142-16 à L3142-27 du Code du travail.

236) L'article L3142-16 envisage aussi les collatéraux jusqu'au quatrième degré, les parents de l'autre membre du couple. Un étranger à la famille est pris en considération. Le salarié doit *« personne âgée ou handicapée avec laquelle il réside ou avec laquelle il entretient des liens étroits et stables, à qui il vient en aide de manière régulière et fréquente, à titre non professionnel, pour accomplir tout ou partie des actes ou des activités de la vie quotidienne »*.

237) Code du travail, article L3142-17.

238) Code du travail, article L3142-19. Certes, celui-ci pourrait devenir l'employeur de celui-là (article L3142-18). Au demeurant, le législateur prévoit le retour anticipé du salarié sur le fondement d'une « *Diminution importante des ressources* ».

apporte et supporte cette aide nécessaire à la personne malade ou en situation de handicap.

29. – Car s'il finissait par craquer et par tomber lui aussi malade, la collectivité se retrouverait alors avec deux personnes que la CPAM devrait prendre en charge. Le risque d'épuisement de l'aidant est pris en considération au moyen de l'aide au répit. Il consiste en un laps de temps de quasiment deux jours (36H). L'aidant peut alors s'évader de son rôle de garde-malade, pour récupérer d'une dette de sommeil, pour aller en villégiature, etc.

30. – Un effort social et sociétal plus grand est envisageable au profit des proches aidants : *« des aides au relais dans la réalisation des actes d'accompagnement de l'aidé méritent encore des réflexions et des innovations »* (239).

31. – Le jugement au fond du litige sur le congé familial par le juge des référés. L'employeur pourrait ne pas accepter le départ du salarié à l'évènement familial invoqué. Depuis l'ordonnance du 17 juillet 2019 (et ses décrets d'application) la contestation d'un tel refus est possible devant le conseil de prud'hommes jugeant alors selon la *« procédure accélérée au fond [PAF] »* (240).

32. – Rendues en premier et dernier ressort, les décisions correspondantes ne sont pas susceptibles d'appel et ne peuvent donc être attaquées qu'au moyen de la voie extraordinaire qu'est le pourvoi en cassation (241). En

---

239) « *La réflexion se poursuit donc à ce jour, car la réponse reste minimaliste* » (Alexis BUGADA, La reconnaissance juridique des proches aidants, *La Semaine Juridique Social* n° 48, 4 Décembre 2018, 1387).

240) Code du travail, article L3142-3.

241) Le Code du travail l'indique : à l'article R3142-1, pour les congés pour évènements familiaux de l'article L3142-3) ; à l'article R3142-4,

principe, une formation de référé n'a pas vocation à trancher les litiges au fond ; elle ne prononce pas de décision définitive mais prend des mesures conservatoires.

33. – Toutefois, la formation de référé du conseil de prud'hommes est ici (exceptionnellement) autorisée à trancher le fond de la contestation de la demande de congé pour évènement familial (242). Comme autrefois il était question de *« procédure en la forme des référés [PFR] »*, il est facile de comprendre que s'est produit un éloignement supplémentaire par rapport au référé classique.

34. – Même avant le changement de dénomination, la différence était déjà nette ; la vitesse pouvait alors le disputer à la précipitation (243). Par ailleurs, l'on a pu se demander si l'objectif de simplification voulue par la réforme était atteint (244).

---

relativement au congé de solidarité familiale (art. L3142-13) ; à l'article R3142-10, s'agissant du congé de proche aidant (art. L3142-25).

242) Pour un employeur, l'absentéisme véritablement perturbateur est celui qui n'aura pu être anticipé, car pris sans préavis. Par conséquent, sans doute les employeurs n'auront-ils pas apprécié la possibilité nouvelle du congé sans délai des proches aidants. Il est vrai que l'hypothèse est une situation de crise nécessitant une aide urgente (article L3142-19).

243) Selon Stéphane BRISSY, « *l'extension des pouvoirs de la formation de référé constitue une tendance que le décret de 2016 perpétue et qui peut conduire à une accélération des procédures. La rapidité est parfois nécessaire et souvent attendue mais espérons que la recherche d'une bonne administration de la justice n'en fasse pas les frais* » (Stéphane BRISSY, Demande de congé pour événement familial : pouvoirs du conseil de prud'hommes saisi en la forme des référés, La Semaine Juridique Social n° 11, 19 Mars 2019, 1087).

244) Alexandre DUPREY, La procédure accélérée au fond en matière sociale, *La Semaine Juridique Social* n° 44, 3 Novembre 2020, 3059.

35. – Les freins paperassiers à la prise de congés familiaux. La générosité sociale est parfois tellement critériée que les bénéficiaires potentiels y renoncent ; malgré la volonté gouvernementale de simplification des règles, en vue d'en faciliter l'accès. On peut le déplorer à propos du congé de solidarité familiale. Car, alors que c'était *« un droit sous l'empire de la législation antérieure »*, la réécriture de son dispositif par la loi du 08 août 2016 aboutit à des *« obstacles à sa mise en œuvre »* (245).

36. – Or, comme il s'agit d'accompagner un mourant, le demandeur du congé n'a pas forcément le cœur et la force au dénouement de pièges administratifs. Certes, si un certificat médical atteste de la santé désespérée du malade, la situation d'urgence s'impose à l'employeur, lequel n'aura pas le droit de subordonner l'autorisation d'absence à la décision d'un juge (246).

37. – À contrario, si contrairement à ce que prévoit la loi, l'on ne se trouve pas dans un *« cas d'urgence absolue constatée par le médecin »*, une chicanerie juridictionnelle s'envisage. Une difficulté similaire se renouvèlera probablement dans l'hypothèse d'un retour anticipé au travail. En effet, même averti au moins quelques jours avant ce retour, l'employeur pourrait ne point se montrer coopératif et compatissant (247). On notera qu'il y a un alignement de la durée du CSF sur la nouvelle durée du proche aidant.

---

245) Bérengère LEGROS, Regard critique sur la réécriture du congé de solidarité familiale par la loi du 8 août 2016, *La Semaine Juridique Social* n° 11, 21 Mars 2017, 1085.

246) Code du travail, article L3142-7, alinéa 2.

247) Code du travail, article D3142-3.

38. – La suspension du congé annuel pour maladie ou autre. À première vue, le médecin ne devrait pas prescrire d'arrêt de travail à un salarié qui est en congé annuel, puisqu'il est déjà en arrêt de tout effort professionnel ; il n'est pas (temporairement) tenu d'aller travailler. Il le faut pourtant, car le congé maladie s'inscrit alors comme une période qui suspend (et préserve) le décompte du temps du congé annuel (248).

39. – La règle de la suspension du congé annuel se comprend sans peine : ce congé poursuit une finalité différente de celle de l'arrêt maladie. La volonté suspensive devrait tout aussi s'appliquer lorsque l'évènement familial survient à une époque de congé annuel ou d'autres congés et autorisations d'absence donnant droit à un maintien du salaire. Or, tel n'est pas le cas (249).

---

248) « *La Cour [CJUE] souligne à nouveau que la finalité du droit au congé annuel payé est de permettre au travailleur de se reposer et de disposer d'une période de détente et de loisirs, finalité qui diffère de celle du droit au congé de maladie, accordé au travailleur afin qu'il puisse se rétablir d'une maladie engendrant une incapacité de travail* » (Jean SIRO, Congés annuels et incapacité de travail : caractère absolu du report, DA, 6 juillet 2012). Par ailleurs, « *[...] l'argument selon lequel certaines situations spécifiques dans lesquelles le travailleur est incapable de remplir ses fonctions ne peuvent conduire à conditionner le droit au congé annuel payé à l'obligation d'avoir effectivement travaillé pourrait également augurer une évolution sur le terrain de l'articulation de l'arrêt maladie et du congé payé du travailleur. L'on songe en particulier à la divergence d'interprétation ayant cours entre les deux juridictions sur la situation du salarié déjà en congé quand survient la maladie* » (Loïc MALFETTES, Licenciement nul : revirement concernant l'acquisition de congés payés pendant la période d'éviction, DA, 14 décembre 2021).

249) Il y a fusion de la durée du congé exceptionnel putatif avec les jours du congé annuel. Curieusement, tant la Cour de Justice de l'Union Européenne, que la Cour de cassation, ne perçoit l'inégalité directe alors subie par le travailleur dont l'évènement familial surviendrait à l'époque

II. – L'obstacle matériel à la circulation vers le lieu de travail

40. – Panorama, en intitulés, des points de cette subdivision. *41. – L'absentéisme imputable aux forces de la nature. 42. – L'invocation en cascade ou par ricochet de la force majeure du salarié par l'employeur. 43. – L'indifférence des difficultés de transport invoquées par le collégien absentéiste. 44. – L'appréciation variable des absences dues à la panne de voiture ou de réveil. 45. – L'indifférence des difficultés classiques des transports en commun.*

41. – L'absentéisme imputable aux forces de la nature. Malgré sa détermination à se rendre au travail, une personne pourrait ne pas y arriver parce qu'elle en serait empêchée par divers obstacles. Ceux-ci peuvent résulter de forces de la nature (amplifiées par le dérèglement climatique) ; provenir de défaillances techniques ; ou bien découler d'agissements d'individus isolés ou coalisés.

42. – Pour illustrer les catastrophes naturelles, de la sorte susceptibles de causer retards ou absentéismes, songeons à la ville de New York. Effectivement, toutes ses lignes de métro auront été rendues impraticables (au tout début de septembre 2021) par des inondations provoquées par la tempête Ida. Bien entendu, les 44 personnes alors décédées (par noyade) ne seront plus jamais retardataires ou absentéistes ; elles ne se rendront pourtant plus à leur lieu de travail, malgré l'espérance de leurs employeurs.

---

où il ne serait pas à la disposition de l'employeur. Certes, la Cour de cassation admet un léger décalage « *raisonnable » entre la date effective de prise du congé exceptionnel et la date de l'évènement qui le justifie »* (Marc VÉRICEL, Non-cumul des congés pour événements familiaux avec le congé, *Rev. trav.* 2021. 19).

43. – En France, l'on peut citer la tempête Alex, laquelle aura ravagé l'arrière-pays niçois, le 30 septembre 2020 (250). Pendant des semaines, les employeurs de ces sinistrés ont dû vainement les attendre à Nice, Grasse, Cannes, et autres villes de la Côte d'Azur. Peut-être ont-ils alors envoyés des lettres de licenciement pour abandon de poste. Or, pour les rescapés, les contrats de travail concernés étaient été suspendus (251).

44. – En vérité, l'indispensable lettre recommandée avec avis de réception pour annoncer le licenciement, n'aurait pu être distribuée, du fait de la disparition des moyens de communication entre la côte et les montagnes concernées des Alpes Maritimes. En tout état de cause, il est de tout temps attendu des autorités publiques qu'elles empêchent ou réduisent les difficultés de circulation (252).

---

250) En particulier les vallées de la Vésubie, de la Tinée et de la Roya. Outre la dizaine de morts alors déplorés, il y aura eu la destruction de maisons d'habitation, de bâtiments administratifs, des routes et ponts ; ainsi que d'autres infrastructures de communication, d'énergie, d'eau et d'assainissement.

251) Deux questions viennent alors à l'esprit. D'une part, comment l'employeur pouvait-il savoir que son salarié était l'un des sinistrés ? D'autre part, pendant combien de temps attendre le retour du salarié empêché ? Cela étant : « *La survenance d'intempéries au cours de l'exécution du préavis ne saurait avoir pour effet de retarder la date d'expiration de celui-ci (Soc. 21 nov. 1973, Cah. prud'h. 1974. 81)* » (Gérard VACHET, Contrat de travail à durée indéterminée : préavis de rupture et indemnité de licenciement, *Répertoire de droit du travail*, octobre 2020).

252) « *Après l'épisode neigeux de décembre dernier qui a perturbé, voire immobilisé, les transports aériens, le gouvernement a décidé de prendre des mesures destinées à anticiper les actions en cas d'intempéries et améliorer l'organisation générale du transport aérien. Parmi les mesures retenues, l'augmentation de la capacité de stockage des produits dégivrants, le déneigement des axes routiers reliant les grandes villes à leurs aéroports... D'autres mesures annoncées seront mises en place à plus longue échéance.*

45. – L'invocation en cascade ou par ricochet de la force majeure du salarié par l'employeur. Tout cocontractant (salarié ou non) qui aura manqué à ses obligations professionnelles à cause d'une catastrophe naturelle peut certainement espérer, grâce à l'invocation de la force majeure, ne pas avoir à répondre aux conséquences de l'inexécution du contrat.

46. – La condition d'extériorité de ce motif d'exonération qu'est la force majeure serait manifestement remplie. Car nul individu ne commande à la nature, laquelle intervient au hasard, comme un coup du sort. De plus, non seulement l'évènement désastreux pouvait difficilement être prévus, il était impossible d'y résister et d'y échapper. Les deux autres conditions de la force majeure seraient ainsi donc également remplies : imprévisibilité et irrésistibilité. Un devoir d'humanité interdit ainsi d'en rajouter au malheur d'autrui.

47. – Cependant, l'employeur manquera alors à ses propres obligations envers des cocontractants ou envers l'Administration. Ne devrait-on pas lui permettre d'invoquer le cas de force majeure par ricochet ? Car rien ne justifierait qu'il supporte en définitive le malheur de son débiteur, mais que lui ne soit pas fondé à s'y abriter dans sa relations avec ses créanciers.

48. – L'indifférence des difficultés de transport invoquées par le collégien absentéiste. Le Conseil d'État s'est montré peu compréhensif à l'égard du collégien absentéiste du fait de difficultés de transport. Certes, il comptait une centaine

---

S'agissant des passagers, le gouvernement a annoncé des mesures destinées à améliorer l'information et leur prise en charge. À cet effet, un médiateur sera systématiquement mis en place pour régler les conflits opposant les voyageurs aux compagnies aériennes. [www.gouvernement.fr] » (S.Z.-D., Intempéries : Les mesures pour améliorer les transports aériens, Juris tourisme 2011, n°128, p.9).

d'absences. En l'espèce, le recteur de l'académie de Nancy-Metz (27 juin 1994) avait confirmé l'exclusion scolaire décidée par le conseil de discipline du collège des Trois Frontières (Longlaville, 19 mai 1994).

49. – Or, a constaté le tribunal administratif de Nancy, *« si certaines absences ont été justifiées par des certificats médicaux réguliers, un grand nombre d'entre elles ont été motivées par des raisons de convenance personnelle de Mme Z..., en raison notamment de ses difficultés à assurer le transport de son fils entre son domicile et le collège »* (253). Sans doute des bien-pensants se sont-ils étranglés devant cette sévérité contre une miséreuse incapable d'affréter un véhicule pour déposer sa progéniture à l'école.

50. – Il n'empêche que (en appel ou en cassation) les conseillers d'État ont jugé que *« ces divers motifs non médicaux ne sont pas de nature à justifier l'absentéisme persistant de l'élève ; qu'ainsi, le conseil de discipline du collège et le recteur de l'académie de Nancy-Metz ont pu légalement sanctionner cette méconnaissance de l'obligation d'assiduité scolaire par une exclusion définitive de l'établissement »*.

51. – L'appréciation variable des absences dues à la panne de voiture ou de réveil. La juridiction judiciaire n'admet pas forcément comme excuse d'une absence au travail le fait d'avoir subi une panne de véhicule (et moins encore de réveil). Surtout lorsque sa réalité est douteuse. Ainsi, la cour d'appel de Besançon aura pu jugé que : *« concernant la panne de voiture alléguée pour l'absence du 10 novembre 2004, Melle Véronique L. ne fait que produire une facture d'un montant de 24,09 euros en date du 13 novembre 2004 correspondant à*

---

253) CONSEIL D'ÉTAT, 28 octobre 1996, N° 170560, recteur de l'académie de Nancy-.

l'achat de deux filtres et d'un bidon d'huile, ce qui est insuffisant pour justifier d'une panne rendant impossible un déplacement même tardif à la Clinique » (254).

52. – La question qui surgit aussitôt à l'esprit est celle de savoir ce qui aurait été décidé si la panne était incontestable. En tous cas disent des auteurs, « *[...] le seul fait pour un salarié de reprendre le travail avec un jour de retard, à l'issue de ses congés payés, ne constitue ni une faute grave ni une cause réelle et sérieuse de licenciement, dès lors que le salarié avait averti l'employeur de son retard qui était dû à une panne de voiture* » (255).

53. – L'Administration du chômage peut cependant se montrer intraitable, par exemple du « *fait de ne pas (pouvoir) se présenter ou d'arriver en retard à la convocation a déclenché des radiations quasi systématiques. C'est ainsi qu'un demandeur d'emploi répondant avec quinze minutes de retard à une convocation à un entretien avec son conseiller Pôle Emploi, parce qu'il a eu une panne* » (256).

54. – L'indifférence des difficultés classiques des transports en commun. Invoquer les troubles sociaux et les grèves qui immobilisent les transports en commun est plutôt facile à prouver. Mais l'excuse ne semble par recevable en l'absence d'évènement exceptionnel. Par exemple, la SOCIÉTÉ IMMOBILIÈRE DE BANVILLE a licencié DAME LAROYE, dactylographe facturière, « *pour retards quotidiens* ».

---

254) COUR D'APPEL Besançon CH. SOCIALE 13 février 2007 N° 06/00048.

255) Alain CHIREZ et Jacques LABIGNETTE, La place du doute dans le contentieux de la relation de travail, *Droit social* 1997. 669. Les auteurs se réfèrent à un arrêt : CASS. SOC., 22 novembre 1995.

256) Émilie VIDECOQ, Le chômeur en rupture de protections : des voies et moyens d'activer les droits des privés d'emploi, *RDSS* 2014. 650.

55. – Dans un premier temps, les juges du fond lui avaient octroyé une indemnité de préavis ; au motif que ses fautes n'avaient pas un caractère de gravité suffisant, qui en feraient perdre le bénéfice. Plus précisément, indique le jugement, ses retards découlaient *« de l'insuffisance des moyens de transports en commun dans la banlieue de Paris et des difficultés de la circulation routière qui imposent très souvent des durées de trajet excessives et inattendues ».*

56. – Mais, ce jugement du conseil de prud'hommes de la Seine (Paris, 3 janvier 1966) a était annulé par la Cour de cassation (13 mars 1967). La raison est les juges du fond ne pouvaient retenir *« comme excuse valable pour des retards quotidiens des difficultés de circulation sans caractère imprévisible »* (257).

257) CASS. SOC., 13 mars 1967, N 239. La Cour a par ailleurs été sensible au fait la salariée « *se refusait systématiquement à respecter les horaires fixés par le règlement intérieur de l'entreprise, malgré deux mises en demeure d'avoir à s'y conformer, ce qui constituaient des actes d'insubordination ayant un caractère de gravité suffisant pour justifier son renvoi immédiat sans préavis* ».

L'ABSENCE À L'ACTIVITÉ PAR COMMODITÉ PSYCHOLOGIQUE

Clotaire MOULOUNGUI
Maître de conférences hors classe à l'ULCO (académie de Lille)
Ancien Chef du Département Gestion des Entreprises et des Administrations
Responsable de la licence professionnelle Métiers de la Gestion et du Social

Résumé : C'est parfois par commodité psychologique que la personne absente n'aura pas occupé son poste de travail. Au fond, travailler demande de l'énergie et de l'attention ; c'est très rarement amusant. Or les nouvelles générations de travailleurs recherchent une activité plaisante et qui a du sens. Or les personnels qui se chargent des petits postes exercent une activité harassante et mal payée. Ce sont souvent des femmes. Même pour les cadres et dirigeants, le travail cause du stress et de la souffrance. De sorte que certains travailleurs se suicident ; parfois sur le lieu de l'activité professionnel.

Mots clefs : Sens du travail ; stress au travail ; suicide ; faible rémunération ; travail des femmes ; cadres et dirigeants.

Abstract: It is sometimes out of psychological convenience that the absent person will not have occupied their workstation. Ultimately, work requires energy and attention; it is very rarely fun. However, new generations of workers are looking for a pleasant and meaningful activity. However, the staff who take on menial tasks perform grueling and poorly paid jobs. They are often women. Even for managers and executives, work causes stress and suffering. As a result, some workers commit suicide, sometimes at the workplace.

Keywords: Meaning of work; stress at work; suicide; low pay; women's work; managers and executives.

§§§§§§§§§§§§§§§§§

1. – Le travail et sa difficulté d'accomplissement.

Le terme travail est un synonyme approximatif de l'effort ou de la souffrance. Dans ces conditions, le travailleur est quasiment un masochiste, lui qui se réveille tous les matins pour s'y livrer. De fait, nombre de fonctionnaires, de salariés, de stagiaires, d'étudiants ou d'élèves, font le déplacement vers leur lieu d'activité en traînant les pieds. Ils ont en effet conscience qu'ils se sentiraient bien mieux (leur journée durant) s'ils ne s'y rendaient pas.

Dès lors, par commodité psychologique, ils choisissent de s'absenter quelquefois. Le cas échéant, ils ne demeurent pas pour autant passivement chez eux. En effet, grâce au temps ainsi dégagé, ils prennent parfois part à une activité concomitante, loin de leur structure principale d'appartenance. Au fond, l'idée de s'éviter une situation psychologiquement incommodante, surtout en optant plutôt pour une activité agréable, se retrouve vraiment dans les phénomènes de désaffection des amphis et des bancs d'écoles.

2. – Panorama, en intitulés, des points de cette subdivision.

3. – Les attentes démesurées de la nouvelle génération de travailleurs. 4. – Les efforts organisationnels en vue d'une implication personnelle des effectifs. 5. – La concentration du lecteur de roman (ou flow) à chaque poste de travail. 6. – La pression en entreprise même pour les cadres et directeurs. 7. – Le mythe d'un bon stress et d'un mauvais stress pour le travailleur. 8. – La désespérance et le suicide même dans des professions utiles à la société. 9. – La souffrance au travail des médecins et surtout des infirmières et aides-soignantes. 10. – L'inhérence de l'absentéisme dans les métiers difficiles ou dévalorisés. 11. – La tradition de métiers inintéressants pour les femmes et l'absentéisme corrélatif. 12. – L'absentéisme par manque de confiance en soi et par confiance excessive en autrui. 13. – Le risque patrimonial couru comme motif de l'assiduité aux assemblées. 14. – La participation plus impérative des salariés élus aux réunions de l'employeur.

3. – Les attentes démesurées de la nouvelle génération de travailleurs.

À l'origine, les deux parties au contrat de travail s'offraient, l'un de la force physique et/ou intellectuelle, l'autre une rémunération. Puis le salarié a cru pouvoir par ailleurs exiger des tâches intéressantes et motivantes, parallèlement à un salaire juste et des perspectives de carrière. Désormais, notre salarié attend même une plus grande symbiose entre sa personne et : le lieu de travail ; les créneaux horaires d'activité ; l'autonomie dans l'accomplissement des missions ; etc. (258).

Le nouveau travailleur s'immerge dans son emploi pour se l'approprier. Or cette démarche souffre parfois de sa discordance entre la contribution (ouvrière) et son évaluation (patronale). Ce qui a le don d'agacer, de décourager et d'orienter vers le conflit larvé ou patent, puis vers le départ conventionnel ou unilatéral de l'entreprise. Il n'est d'ailleurs pas exclu qu'un absentéisme ponctue la relation de travail, en conséquence de déprimes ou de grèves.

Deux auteures conviennent que *« lorsque les salariés peinent à donner du sens à leur travail, ils peuvent protester ou démissionner. Ils peuvent aussi, tout en restant dans l'entreprise, se mettre en retrait de leur activité, faire montre d'apathie, être l'objet de tiraillements identitaires ou/et*

---

258) Françoise SCHOENBERGER, Temps et lieu de la vie personnelle, temps et lieu de la vie professionnelle, *Droit social* 2010 p.31.

manifester des troubles de la santé et s'absenter fréquemment » (259).

4. - Les efforts d'organisation pour une implication des effectifs.

Les institutions ont généralement des difficultés budgétaires. Mais sans doute celles-ci seraient-elles moindres si le coûteux absentéisme refluait de leurs effectifs. L'assiduité recherchée adviendrait en décidant de *« valoriser les ressources disponibles et ne pas les exposer à une insatisfaction permanente. Dans le cas contraire, l'arme dont dispose chaque salarié est l'absentéisme de courte durée déstructurant »* (260).

Cantonner des salariés aux mêmes activités pendant des mois et des années, voire des décennies, finit par décourager mêmes les meilleures volontés. Trop souvent hélas, soutient un économiste, *« la rigidité du système d'organisation du travail en place dans l'entreprise provoque des dysfonctionnements*

---

259) Cécile CLERGEAU et Laetitia PIHEL, Management à distance et santé au travail : quels sont les impacts de l'éloignement et de la méconnaissance du travail réel ?, ESKA, *Annales des Mines, Gérer et comprendre*, 2010/4 N° 102, pages 4 à 13, https://www.cairn.info/revue-gerer-et-comprendre1-2010-4-page-4.htm.

260) Didier CHATOT-HENRY, Carole CHATOT-HENRY et Dominique COURCIER, La promotion de la santé : un concept pertinent comme outil de management et de dynamique organisationnelle dans la restructuration d'un hôpital gériatrique, S.F.S.P., Santé Publique, 2014/4 Vol. 26, pages 453 à 467, https://www.cairn.info/revue-sante-publique-2014-4-page-453.htm.

lies à l'absentéisme, aux défauts de qualité des produits, à la baisse de productivité » (261).

Un entrepreneur hasarde alors une solution à laquelle lui-même ne semble croire qu'à demi : l'octroi des responsabilités et de l'autonomie aux personnels (262). Les organisations subdivisent de plus en plus souvent leurs personnels en collectifs de travail. Les gestionnaires en mesurent les intérêts économiques et humains. Ils y observent l'amélioration de divers indicateurs comme la production, l'absentéisme et le climat social (263).

5. – La concentration du lecteur de roman (ou flow) à chaque poste de travail.

Lorsqu'une personne est absorbée par une lecture, elle semble alors être dans un monde à part ; dans son monde. Elle est rarement distraite par l'agitation environnante, par la faim ou par la soif. L'ouvrage ainsi parcouru est presque toujours un roman. Dans le monde du travail, l'idéal serait que, dans sa journée, le salarié se retrouve fréquemment dans un pareil

---

261) Ibrahima HANE, *Enrichissement des taches et compétitivité de l'entreprise*, Th. Sciences économiques, Rouen, 1988.

262) Carl AZOURI, https://www.actionco.fr/Thematique/management-1214/Breves/Management-pas-assez-bienveillance-France-334437.htm (propos recueillis par Aude David en mi-octobre 2018) : « *Un meilleur management passe par plus d'autonomie pour ses équipes, ce qui les rend généralement plus responsables et plus productifs. A condition, toutefois, que la transition se fasse en concertation avec eux : imposer de l'autonomie à quelqu'un ne le rendra jamais plus productif* ».

263) Carole MEYER, *Histoire naturelle de cinq groupes autonomes dans une organisation industrielle*, Th. Psychologie, Nancy 2, 2003.

tunnel intemporel. En effet, oubliant le temps et l'entourage, il serait passionnément focalisé sur sa tâche.

Par exemple, le pompier luttant contre l'incendie, et le chirurgien en pleine opération, atteignent toujours ce degré de concentration. Toutefois, sans forcément ressentir le plaisir (et l'évasion) du lecteur de roman. Cette situation où une personne semble en symbiose avec son activité du moment est dénommée *''Flow''* ou encore *''expérience optimale''* (264).

Plus généralement, selon le psychologue, toute tâche est susceptible de se caractériser par au moins l'une des huit déclinaisons suivantes : l'excitation ; le flow ; la maîtrise ; l'ennui ; le détachement ; l'indifférence ; l'inquiétude ; l'anxiété. L'idéal est que l'excitation et le flow l'emportent le plus souvent. Car le présentéisme passif et la procrastination guettent le travailleur qui se trouve dans une situation d'ennui, ou de détachement, ou d'indifférence.

Pire, l'absentéisme physique (volontaire) découlera à coup sûr de la zone d'inquiétude ou de la zone d'anxiété dans laquelle se trouverait le travailleur. Ce dispositif serait parfois

264) « *Entre « sentiment de bonheur », « état d'esprit » et « prédisposition physique » ou biologique au bonheur, les considérations psychologiques et neurologiques ainsi convoquées font débat, en se dissociant sur certains points (dualité du corps et de l'esprit) et en s'interpénétrant sur d'autres (interaction entre les données physiologiques et psychologiques) - sans pour autant que soit nécessairement remis en cause l'eudémonisme rationnel antique d'Aristote qui appréhende le bonheur sur une base éthique ou pourrait-on dire « intellectuelle », supplantant le bien-être matériel, les plaisirs corporels ou même les considérations uniquement et strictement morales par le sens ou la finalité globalement donnée à la vie* » (Félicien LEMAIRE, À propos du bonheur dans les constitutions, RFDA 2015. 107).

d'indicateur pour la mesure du niveau de satisfaction au travail (265).

6. - La pression en entreprise même pour les cadres et directeurs.

Les salariés se plaignent régulièrement de la pression que leur ferait subir la hiérarchie. On pourrait croire que c'est un jeu pervers de la part de leur encadrement. En vérité, (et comme dirait le militaire) toute la ligne de commandement est soumise à un stress permanent.

Ainsi, les cadres doivent des comptes à la direction, laquelle doit elle-même s'expliquer devant le conseil d'administration, lui aussi dépendant de l'assemblée des actionnaires. Ces derniers étant à leur tour attentivement épier par la concurrence, prête à dévorer les entreprises donnant des signes de faiblesse. Malgré les diverses contraintes qui pèsent sur eux, les managers remplissent le mieux possible leurs missions et, avec assiduité (quasiment sans absentéisme). Effectivement, *« le stress professionnel des cadres a une incidence sur l'intention de quitter et pas sur l'absentéisme »* (266).

Une des manifestations des RPS survient forcément dans une organisation où l'on ne se parle pas dans les équipes, ou bien où les équipes ne dialoguent pas avec la hiérarchie. Cette dernière est parfois tellement désespérée qu'elle préfère s'en

---

265) Gaëlle DU PENHOAT, *La boîte à outils de la gestion du stress*, Dunod, 2017 ; https://www.e-marketing.fr/Thematique/academie-1078/fiche-outils-10154/L-etat-de-Flow-et-la-boussole-emotionnelle-325064.htm.

266) Sinda MHIRI, L'impact du stress professionnel sur l'implication organisationnelle, l'absentéisme et l'intention de quitter chez les cadres, Th. Sciences de gestion, Nice, 2013.

remettre à un pool de remplaçants plutôt que de composer avec les membres revêches de l'équipe existante (267).

7. - Le mythe d'un bon stress et d'un mauvais stress pour le travailleur.

De même qu'il y aurait un bon et un mauvais cholestérol (268), l'on distingue un bon stresse et un mauvais (269).

La belle excitation qui précède l'exécution d'une tâche ne saurait se confondre avec la sombre perspective de l'échec inhérent à l'insuffisance des moyens mobilisables (intellectuels,

---

267) Sébastien PAYRE, Quand la qualité du management contribue au développement du stress : analyse des défauts de la fonction hiérarchique et des pratiques d'encadrement, ISEOR, *Recherches en Sciences de Gestion,* 2014/1, N° 100, pages 173 à 191, https://www.cairn.info/revue-recherches-en-sciences-de-gestion-2014-1-page-173.htm.

268) « *La relation entre une quantité excessive de cholestérol dans le sang (hypercholestérolémie) et le risque de maladies cardiovasculaires est désormais établie de façon formelle. À ce titre, il peut être rappelé que l'effet bénéfique d'un traitement par statine sur la diminution des taux de cholestérol total et du LDL-cholestérol (« mauvais cholestérol », qui se dépose sur la paroi des artères) est bien connu, ainsi que l'effet sur la récidive (prévention secondaire) des événements cardiovasculaires, tels que l'infarctus du myocarde ou l'accident vasculaire cérébral* » (Réponse ministérielle à la Question écrite 105230, JO AN, 6 août 2011).

269) Christine LÉONARD, Marie-Reine VAN AMERINGEN, Shimon DOLAN et André ARSENAULT (1987), Absentéisme et assiduité au travail : deux moyens d'adaptation au stress, *Relations industrielles,* 42(4), 774–789. https://doi.org/10.7202/050363ar: « *Le stress intrinsèque désigne les caractéristiques reliées au contenu du travail telles que la participation aux décisions, les décisions urgentes, la responsabilité, etc. Le stress extrinsèque inclue les caractéristiques propres au contexte de l'exécution de la tâche, telles que l'autonomie restreinte, la sous utilisation des habiletés, l'ambiguïté et le conflit de rôle, etc.* »

physiques, matérielles, financiers, etc.). Le bon stress est dit stress intrinsèque, et le mauvais, stress extrinsèque (270). Le premier apparaît comme un facteur dissuasif d'absences (bien au contraire). Le second, qui est un poids extérieur venant peser sur l'individu, est encore qualifié de stress dysfonctionnel. Il s'accompagne de deux indicateurs sociaux caractéristiques de l'évitement ou de la fuite : l'absentéisme et le turnover (271).

Encore que, d'après les mesures des gestionnaires, ce serait sur l'absentéisme de courte durée (le volontaire en particulier), que le stress aurait un effet causal. À contrario, les absences longues, et de surcroît involontaires, découleraient peu de l'éventuel stress qui étreindrait initialement l'individu. D'ailleurs, si grâce à son stress intrinsèque, un travailleur viendra travailler malgré un rhume ou une grippe, lui aussi manquera finalement à l'appel s'il est atteint d'une poliomyélite ou d'une affection cancéreuse, par exemple.

Certes, de notables exceptions existent, le bon stress offrant manifestement assez d'énergie pour surmonter sa grave maladie. Comme toute affirmation générale connaît en définitive quelques exceptions, l'on se rappellera que le président François MITTERRAND aura exécuté deux mandats présidentiels malgré un cancer ; qu'en dépit du sien, Georges POMPIDOU avait continué de présider la France et sera mort sur son lieu de travail (Palais de l'Élysée). De même, le pape JEAN-PAUL II poursuivit son magistère sur le monde

---

270) Idem.

271) Sébastien PAYRE, Quand la qualité du management contribue au développement du stress : analyse des défauts de la fonction hiérarchique et des pratiques d'encadrement, ISEOR, *Recherches en Sciences de Gestion,* 2014/1, N° 100, pages 173 à 191, https://www.cairn.info/revue-recherches-en-sciences-de-gestion-2014-1-page-173.htm.

catholique malgré une maladie de Parkinson et une tumeur de l'intestin.

8. – La désespérance et le suicide même dans des professions utiles à la société.

L'utilité du métier n'exclut pas la souffrance au travail dans le secteur du social. En effet, *« l'exposition aux risques psychosociaux est avérée. La violence du public dans certains quartiers, le poids de la charge de travail et l'intensité psychique de ce travail sont autant de facteurs de risques. Les travailleurs sociaux sont régulièrement l'objet de menaces, d'agressions verbales ou même d'agressions physiques »* (272).

Dans la police aussi, les agents sont confrontés en permanence à la misère sociale et à une violence due à l'alcool et aux autres drogues plus ou moins légales. D'où, dans leur rang (des policiers du terrain), un taux élevé d'absentéisme (dépressions) et aussi un taux élevé de suicides (273). Dans

---

272) « *Mais les démarches de prévention se heurtent à leur culture professionnelle. Car le risque est souvent intégré comme une fatalité. C'est du moins ainsi que raisonnent certains professionnels qui pensent que les mesures de prévention de la violence - comme demander la protection de la police pour aller dans certains quartiers par exemple - constituent une atteinte au sens même de leur métier. C'est ainsi que se construit la représentation collective et l'identité de certains métiers et les cadres eux-mêmes ne peuvent que difficilement adopter un point de vue différent car cela les place dans une posture paradoxale : ils prescrivent le travail mais ne peuvent garantir la sécurité des salariés car les précautions à prendre seraient telles que le travail lui-même serait empêché* » (Valérie CHATEL, Mettre fin à la solitude des managers, AJ Collectivités Territoriales 2013 p.29).

273) « *Que fait la police ? Tout ce qu'elle peut, au-delà même de ses forces à en juger par le taux effrayant des suicides de policiers* » (Jean-Claude

une brigade de gendarmerie comptant cinq militaires, le suicide de l'un d'entre eux réduit l'effectif de 20 %. Sans compter une démobilisation momentanée des survivants en attente d'un élève gendarme bientôt sorti de l'école de formation.

9. – La souffrance au travail des médecins et surtout des infirmières et aides-soignantes.

Ce sont les conditions de travail qui constituent le facteur essentiel des arrêts maladie chez les soignants (274) ; il s'agit essentiellement des infirmières et des aides-soignants, lesquels ne doivent pas être confondus avec les médecins (et les sages-femmes), qualifiés de médicaux.

De fait, s'il y a peu de doute sur la pénibilité intrinsèque du métier exercé par les infirmières et assimilés (les aides-soignants), il apparaît que l'exercice spécifique en milieu hospitalier n'emporte nullement un plus grand niveau d'absentéisme de ces paramédicaux. Du moins en général (275). C'est même l'inverse que les analystes disent déceler :

FORTIER, Avis de tempête sur le service public : la République en question(s), AJFP 2011. 1). « *Le taux de suicide dans la police est supérieur de 36 % à celui de la population générale. Les origines sont multiples : une exposition plus grande à la violence, un dénuement matériel des services, une pression opérationnelle ou encore des mises en causes injustifiées* » (Emmanuelle MAUPIN, Le Sénat prône plus de reconnaissance des policiers municipaux, AJDA 2018. 1366).

274) Catherine POLLAK et Layla RICROCH, Les disparités d'absentéisme à l'hôpital sont-elles associées à des différences des conditions de travail, *Revue française d'économie*, 2016/4 Vol. XXXI, pages 181 à 220, https://www.cairn.info/revue-francaise-d-economie-2016-4-page-181.htm.

275) « *Mais attendu qu'appréciant souverainement la valeur et la portée des éléments de preuve qui lui étaient soumis, le président du tribunal de*

« Au sein du secteur privé, le niveau d'absence est légèrement plus élevé dans les établissements à but non lucratif (11 jours en moyenne) » (276).

Naturellement, la question vient immédiatement à l'esprit de savoir si les cliniques privées (à but lucratif) connaissent un taux véritablement différent d'absentéisme. Toutefois, cette information n'est pas mise en avant.

10. – L'inhérence de l'absentéisme dans les métiers difficiles ou dévalorisés.

Le sens du travail suffit-il vraiment ? Les travailleurs dont le métier avait été reconnu comme étant essentiels (durant la période du Covid-19) n'en ont été heureux qu'un bref moment (277).

---

grande instance a retenu que des personnels du centre hospitalier Simone Veil faisaient état de souffrances au travail, d'une récente dégradation de leurs conditions de travail, de stress au travail, d'absences de contestation et de communication et de la crainte de représailles en cas d'opposition aux décisions de l'encadrement entraînant des répercussions sur leurs vies professionnelles et personnelles […] » (CASS. SOC., 19 Décembre 2018, n° 17-19.889, Centre hospitalier Simone Veil).

276) Catherine POLLAK et Layla RICROCH, précitées.

277) « *La crise de la Covid-19 a révélé le caractère essentiel des professions du médico-social, il est temps de considérer tous les métiers d'accompagnement sur un pied d'égalité et de donner aux travailleurs essentiels les garanties économiques et sociales nécessaires à la réalisation de leurs missions* » (Laurence COHEN (sénatrice), Revalorisation du métier de surveillant de nuit, Question écrite n° 27213, 17 mars 2022). Même question à l'Assemblée nationale : Olivier Falorni (député), Question écrite n° 45537, 17 mai 2022.

Car certaines activités professionnelles, loin de donner des ailes, vous les coupe (ou, tout au moins, vous les brident). L'absentéisme épisodique s'imagine alors sans peine. Celui des femmes étant plus élevé. Dans les années 60 du siècle dernier, une sociologue se demandait si cela était dû au fait qu'elles occupaient généralement aux postes pénibles et peu valorisants.

Oui, l'activité professionnelle exercée, comme d'ailleurs les conditions de son exercice, jouent un rôle, sinon principal, du moins complémentaire dans l'assiduité du travailleur. Cette professeure des universités ajoutait en outre que les salariés ont besoin d'appartenir à une équipe confraternelle et sous un leadership clairvoyant et bienveillant, pour se sentir bien dans leur travail (278).

11. – La tradition de métiers inintéressants pour les femmes et l'absentéisme corrélatif.

Apparemment, la satisfaction offerte par l'emploi occupé n'est pas le même entre les femmes et les hommes. Les premières occuperaient trop souvent les emplois moins rémunérateurs et socialement moins digne de considération (279).

---

278) Vivianne Isambert-Jamati, Adaptation au travail et niveau de qualification des femmes salariées, Revue française de sociologie, Vol. 1, No. 1 (Jan. - Mar., 1960), pp. 45-60 ; Sciences Po University Press on behalf of the Association Revue Française de Sociologie ; https://www.jstor.org/stable/3320066.

279) « *La situation sociale et économique des femmes en France est marquée par différentes inégalités, désormais bien connues : si le taux de chômage des femmes est plus faible que celui des hommes (9,9% contre 10,8% pour les hommes) et leur espérance de vie meilleure (85,6 ans pour 80 ans pour les*

Au fond, cette situation est tellement inscrite dans les esprits qu'à l'hôpital, lorsque l'on dit à un malade qu'un médecin l'examinera bientôt, il s'étonne plus ou moins ouvertement de voir arriver une femme. Quoiqu'il en soit, et comme déjà dit, une personne affectée à des tâches inintéressantes manifestera probablement une moins grande appétence à aller les accomplir. En vérité, pour savoir si les femmes sont vraiment spécifiquement souvent absentes, il faudrait s'assurer du comportement de celles d'entre elles qui exercent des fonctions d'encadrement ou de direction.

Il est vraisemblable que la masculinité ou la féminité apparaitraient indifférentes (280). La femme qui est cadre,

---

hommes), les indicateurs montrent pour le reste une situation nettement défavorable : ainsi, 40% des femmes ont été confrontées au sexisme au travail ou dans la sphère privée, les femmes sont plus touchées que les hommes par la précarité (54% des allocataires du RSA et 56% du minimum vieillesse sont des femmes) ou le travail à temps partiel, souvent imposé par des nécessités de garde d'enfants (30% des femmes sont à temps partiel contre 8% des hommes, 9,8% des femmes se déclarent en temps partiel subi). L'écart de salaires entre les femmes et les hommes est de 18,6%, tous secteurs – public comme privé – confondus » (Diane ROMAN, La promotion des femmes par la jurisprudence administrative : entre égalité formelle et égalité réelle, les hésitations du juge administratif, La Semaine Juridique Administrations et Collectivités territoriales n° 29, 23 Juillet 2018, 2215).

280) Le défaut de satisfaction au travail contribue à un certain absentéisme, ont fini par réaliser des chercheurs du CNRS, compulsant des bases de données de l'"Europe des Quinze" (sans la Suède). Ils ont détecté une assiduité accrue dans trois États. Les Grecs et les Luxembourgeois des deux sexes, ainsi que les Finlandais occupaient la tête de leurs classements (Sabine CHAUPAIN-GUILLOT et Olivier GUILLOT, Les déterminants individuels de l'absentéisme au travail : Une comparaison européenne, *Revue économique,* Vol. 62, No. 3, développements récent de l'analyse économique : LVIXe congrès annuel de l'Association française de science économique, 2010 (Mai 2011), pp. 419-427, Sciences Po University Press, https://www.jstor.org/stable/27975875). Sauf qu'ils n'ont su en donner d'explication.

qu'elle vive seule ou avec un conjoint, n'a pas à s'absenter afin de pouvoir s'occuper de son enfant ; elle dispose en effet de moyens suffisants pour le faire garder (281).

Au demeurant, une sorte de sélection insidieuse (plafond de verre, démission) fait que les femmes qui ont beaucoup d'enfants ne parviennent presque jamais aux fonctions élevées d'une organisation (282).

D'un autre côté, la femme vivant seule avec ses enfants tient tellement à son maigre salaire (et à la dignité de le gagner par son effort), qu'elle s'absente le plus rarement possible.

---

281) Cécile TERRENOIRE, L'Index de l'égalité professionnelle entre les femmes et les hommes, La Semaine Juridique Entreprise et Affaires n° 12, 19 Mars 2020, 1134 : « *Comment mettre en place une enveloppe de rattrapage salarial au bénéfice des salariés globalement moins bien rémunérés sans risquer de démotiver les salariés qui ne seront pas concernés ? Comment dynamiser les carrières de ceux qui sont globalement moins promus ou augmentés sans que les autres ne craignent une stagnation de leur carrière ? C'est tout un nouvel équilibre qu'il faut atteindre, en n'oubliant personne* ».

282) Encore une fois, ayant peu d'enfants et, le cas échéant, pouvant les faire garder, la femme surdiplômée, par conséquent située en haut de la pyramide hiérarchique de son entreprise, s'absente peu. Quoi qu'il en soit, elle ne le fera jamais pour les tâches domestiques, lesquelles sont confiées à du personnel de maison. Elle est stimulée à s'y rendre, non seulement par la belle rémunération qu'elle perçoit, mais aussi parce que certaines missions professionnelles l'épanouissent, même quand leur accomplissement exige un effort intellectuel intense. Il en résulte du prestige et de la fierté.

12. - L'absentéisme par manque de confiance en soi et par confiance excessive en autrui.

Le défaut de sens du travail à accomplir et le stress souffert à son occasion ne sont pas les seules causes de l'absentéisme lié à une réaction psychologique de défense de soi. L'indisponibilité des personnes attendues à une réunion peut aussi se rattacher à trois approches de la notion de confiance.

Il y a premièrement les relations entre : sociétaires, coopérateurs, actionnaires, notamment. Alors, il y a le phénomène de confiance aveugle en autrui l'intéressé pense inutile de ses déplacer ; car les choses seront quand même faites, et correctement (283).

Deuxièmement, il y a le cas de figure d'insuffisance de confiance en soi. L'intéressé se garde de prendre par à la réunion en contemplant l'inutilité probable de son apport (pas de valeur ajoutée). L'intéressé entend alors éviter d'exaspérer les autres

---

283) Dans cet ordre d'idées, au début de ce siècle, une auteure se demandait « *si la désertion plus ou moins constatée dans ces assemblées générales ne serait pas due à un excès de confiance placée dans les dirigeants ainsi que dans les décisions prises par ceux qui y assistent. En effet, à partir du moment où on reconnaît que dans les coopératives et dans les associations, les intérêts des membres convergent vers un but commun, les assemblées générales ne devraient avoir que très exceptionnellement à défendre des intérêts contre d'autres* » (Hélène AZARIAN, les assemblées de section et le droit de vote dans les sociétés coopératives et les associations, Droit des sociétés n° 12, Décembre 2001, chron. 22. L'auteure atténue son propos au moyen des deux observations. L'une concerne les coopératives de commerçants détaillants ; dans celles-ci l'on peut relever l'existence d'intérêts conflictuels. L'autre atténuation, plus générale, renvoie au dispositif d'ouverture du capital mis en place par les réformateurs de 1992 (L. n° 47-1775, 10 sept. 1947, art. 3 bis ajouté par L. n° 92-643, 13 juill. 1992, art. 4). Car il instaure une « *cohabitation entre deux catégories d'associés dont les intentions diffèrent* »).

participants, en leur faisant perdre du temps avec des prises de paroles inopérantes.

En fait, l'on pourrait également songer au peu de confiance dans les autres. Car leur propension à la bienveillance apparaitrait limitée. Dès lors, peut-être par crainte révérencielle, un individu se gardera parfois de prendre part à une réunion solennelle.

13. – Le risque patrimonial couru comme motif de l'assiduité aux assemblées.

S'agissant des assemblées générales de sociétés anonymes, un célèbre professeur parisien enseignait que : « *En fait, la participation directe des actionnaires est souvent assez limitée, car beaucoup d'entre eux se désintéressent de la marche de la société ou ont l'impression que leur présence n'exercera aucune influence sur le vote des résolutions* » (284).

Pour sa part, un non moins célèbre professeur de province tenait un discours bien différent à propos cependant des assemblées des sociétés en nom collectif, les SNC (285). Il est vrai que dans cette espèce de sociétés de personnes, ainsi que dans

---

284) Yves GUYON, *Répertoire de droit des sociétés*, Assemblées d'actionnaires, septembre 2002, n° 119.

285) Deen GIBIRILA, Société en nom collectif, Répertoire de droit des sociétés juin 2016, n° 238 : « *Les associés non gérants [de la SNC] ne restent pas étrangers à l'administration de la société ; ils jouent même un rôle déterminant dans la société en nom collectif. En effet, contrairement à ce qui se passe dans les sociétés de capitaux où l'absentéisme a progressivement ôté tout fondement au schéma démocratique initial, les associés en nom collectif ne peuvent, notamment en raison des risques courus sur leurs biens personnels, se désintéresser de la marche des affaires sociales* ».

celles du genre, les commerçants associés sont tenus solidairement et indéfiniment.

Cela veut dire qu'en cas de faillite de la société, si les biens liquidés (au moyen de la vente aux enchères) ne suffisent pas à désintéresser les créanciers de celle-ci, le patrimoine personnel de chacun des associés sera sollicité (286).

À cet égard, dans une copropriété (appartements dans un immeuble), les propriétaires de lots se montreraient diligents et assidus si jamais le syndicat de copropriété ou les autres propriétaires pouvaient les engager (financièrement) sans leur accord exprès.

Voici une autre illustration résultant d'une interview et dont le propos parlera certainement à chacun : *« Nous allons faire une réunion cet après-midi avec 17 participants pour parler de l'avancement de la conception d'un produit. Sur les 17 participants, il n'y en a que 5 qui travaillent réellement sur le sujet. Tous les autres ne sont là que pour poser des questions et formuler des critiques. C'est toujours comme ça et c'est à la fois agaçant et usant »* (287). On en déduit facilement une volonté d'abandon et d'absentéisme.

---

286) Comme chacun sait, les biens présents et futurs d'un débiteur doivent servir à payer ses créanciers (dont le droit ne serait pas encore prescrit). Son patrimoine est le gage commun de ces créanciers. Cela dit, la participation à la dette (paiement de toute la dette par n'importe lequel des débiteurs solidaires) se termine par un règlement définitif des comptes entre les associés (c'est la contribution à la dette : avec éventuellement des remboursements et compensations).

287) Jérémie GORGET, à la recherche de la méthodologie de management qui réduit les risques psycho-sociaux pour augmenter la performance, Le cas concret d'une grande entreprise industrielle, ISEOR, *Recherches en Sciences de Gestion,* 2016/2 *N° 113, pages 89* à 112,

14. – La participation plus impérative des salariés élus aux réunions de l'employeur.

Une jurisprudence illustre ce soupçon de déficit de bienveillance chez autrui, et qui pousse à l'absentéisme. En l'espèce, malgré une sommation de l'employeur, un délégué du personnel (Garcia) refusa d'assister à une réunion du personnel. Celle-ci avait lieu à Papeete (le 22 avril 1978) sous la présidence d'un directeur venu de Paris. Il devait y être question de la marche de l'entreprise et des possibilités de reclassement, en métropole, du personnel expatrié (en Polynésie française).

Une sanction de mise à pied lui fut alors infligée pour cette absence. Mais le tribunal compétent (du paradisiaque archipel) l'annula ; car d'après lui, *« les ordres de l'employeur ne peuvent être contraignants que s'ils se rapportent à l'exécution du travail »*. Ensuite, précisait le jugement, l'absence de Garcia n'avait pu nuire ni à son travail ni à la bonne marche du service.

D'un autre côté, à cause d'un récent conflit social, l'intéressé pouvait redouter qu'à l'occasion de la réunion des allusions déloyales émergeassent contre lui. Le tribunal concluait alors en ces termes : *« son refus, bien que désobligeant pour le représentant du siège, n'était ni dommageable ni fautif et ne pouvait donner lieu à sanction »*.

Mais, pour la Cour de cassation (16 décembre 1980) le tribunal n'aura pas en l'occurrence légalement justifié sa décision. Parce que, précise-t-elle, *« contrairement aux énonciation du*

---

https://www.cairn.info/revue-recherches-en-sciences-de-gestion-2016-2-page-89.htm.

jugement, l'employeur a la faculté de prescrire la présence des membres de son personnel aux réunions qu'il organise pendant le temps et sur les lieux du travail pour les informer de questions intéressant leur statut et la marche de l'entreprise » (288).

On pouvait pourtant se figurer que sa qualité de salarié protégé lui donnait une certaine liberté, comme aux autres représentants, contemporains ou successeurs (289). Selon l'arrêt de cassation, il semble que ce soit le contraire, par application d'un raisonnement a fortiori.

En effet, y lit-on, *« Garcia qui, au double titre d'agent expatrié et de délégué du personnel, était concerné par cette réunion ne pouvait, sans commettre de faute, prendre prétexte, pour refuser d'y assister, de critiques dont il aurait pu faire l'objet en tant que délégué de la part d'autres membres du personnel »*.

---

288) CASS. SOC., 16 décembre 1980, n° de pourvoi : 79-40757, Bull. n° 901.

289) « *Le représentant de proximité a été conçu comme un remède conventionnel à la distance qui pouvait se créer entre les salariés et le comité social et économique né de la fusion des anciennes institutions de représentation du personnel. Prévu par l'ordonnance 2017-1386 du 22 septembre 2017 mais mis en place uniquement par accord, cette nouvelle instance répond-elle à l'objectif qui lui a été assigné ?* » (Jérôme PÉLISSE et Cyril WOLMARK, Quelle représentation de proximité après la fusion des institutions de représentation du personnel ? Droit social 2022. 199). « *Il a été maintes fois souligné que les interlocuteurs sociaux disposent d'une très grande liberté conventionnelle pour déterminer le rôle et le fonctionnement des représentants de proximité tout comme leurs modalités de désignation et leur nombre. Sans surprise donc, l'échantillon des accords instituant ces représentants en révèle de multiples figures* » (Valéria ILIEVA, Missions et moyens des représentants de proximité, Droit social 2022. 218).

ISSN 3096-8152

FIN DU DOCUMENT

www.ingramcontent.com/pod-product-compliance
Lightning Source LLC
LaVergne TN
LVHW082231051026
849532LV00012B/3952
9782487740327